그래도 나는 9시에 출근한다
내일 봅시다

내일 봅시다

직장인의 심리처세

그래도 나는 9시에 출근한다

내일 봅시다

다고 아키라

이너피스

심리적 정신무장이 필요한 직장인 여러분께

나는 심리학자로서 남들과 원만한 대인관계를 유지하는
방법에 대한 의뢰를 받고 그 조사를 위해 다양한
조직을 방문하여 많은 인간을 만나 이야기를 나눈 적이
있다. 그중에는 대기업 경영자부터 무명의 신입사원에
이르기까지 실로 각양각색의 직장인이 포함되어 있었다.
이러한 경험을 통해서 내가 통감한 것은 기업에는
일반 사회와는 달리 일종의 독특한 심리적 역학관계가
작용한다는 사실이다.

회사에는 여러 가지 유형의 직원이 있다. 조용한
가운데 묵묵히 일하는 직원이 있는가 하면, 고함만 지르고
실속 없는 직원도 있다. 또 부하의 의견을 잘 들어주는
상사가 있는가 하면 무엇이든 자기가 결정해야만 직성이
풀리는 관리자도 있다. 그러나 이 같은 표면의 행동과
태도만을 놓고 온순한 직원, 열성적인 직원, 사리에
밝은 상사, 아집이 강한 관리자라는 식으로 속단한다면
기업사회의 심리를 제대로 파악하지 못하게 될 수 있다.
엄격한 경쟁원리가 지배하는 비즈니스 사회, 모든 것에

효율주의 · 합리주의가 판을 치는 현장에서 자신을 지키고
목표를 찾으려면 다양한 심리적 정신무장이 필요하다.
나는 이런 기업사회의 심리적 특성을 이 책의 원형이 된
《회사병리학》에서 한번 정리한 바 있다. 이 책은 점점
복잡해져가는 현대인의 삶에서 당신이 나아갈 길을
명쾌하게 제시해줄 것이다.

　　특히 일터에서 기계 자동화가 진전되면서 예전
근대화 시기와는 달리 인간이 기계를 상대로 하는 일에서
멀어지고 갈수록 인간 대 인간으로, 대인관계 속에서
실적을 내고 살아남지 않으면 안 되게 되었다. 그래서
처음 내놓았던 《회사병리학》을 모체로 하여 과감한 가필과
재편집을 거쳐 모자라는 부분을 대폭 보완해서 만든
것이 바로 이번 책이다. 첨단 정보화시대를 살아가는
여러분이 부드러운 마음을 얻는 데 조그마한 도움이라도
된다면 더없이 다행일 것이다. 몇 년 주기로 세계 전체가
금융위기에 휘말리면서 다들 불안한 세상이라 이 책의
내용이 더욱 빛나리라 믿는다. 모쪼록 이 책이 오늘날 조직
사회의 가장 대표적인 형태인 회사와 회사원 여러분께
기여하기를 바라는 마음이 간절하다.　　　　（다고 아키라）

다고 아키라가 말하는 다양한 인간심리 유형

상대의 상황을 고려하지 않고 정도 이상 길게 통화를 이어가는 인간에게는 히스테리 성향이 있다. 기호품의 특정한 상표에 집착이 강한 인간은 일종의 편집증 성격 아니면 욕구불만을 감추고 있는 경우가 많다. 유행에 민감한 인간은 자기 안목이나 재능에 자신감이 부족한데 대세를 따름으로써 그 점을 감추고자 한다. 유행에 무감각한 인간은 개성이 강하지만 무엇인가에 열등감이 있는 경우가 많고 어떤 일에든 비협조적이기 쉽다.

자못 호색한인 양 떠벌리는 인간은 반대로 성적 콤플렉스를 감추고 있는 경우가 많다.

말을 정정할 때는 처음 한 말이 본심인 경우가 많다. 생활비를 줄이면서까지 유·무형의 투자에 몰두하는 인간은 무슨 일에서든 명분을 차지해야 직성이 풀린다. 은행 펀드나 주식을 신용하지 않고 오로지 현금 예금만 믿으려 하는 인간은 내향적이다.

상대의 눈을 보면서 점잖은 말을 하는 인간은 상대에 대한 경계심과 함께 우위에 서고 싶은 욕망을 가지고 있다.

상대의 눈을 보지 않고 깊숙이 머리를 숙이는 인간은
상대에게 열등감이 있거나 거부하는 경우다.

첫 대면인데도 불구하고 어깨가 닿을 듯 가깝게
인사하는 인간은 그 장소의 분위기를 주도하고 싶은
심리가 있다.

첫 대면이 아닌데도 틀에 박힌 인사밖에 하지 않는 인간은
자기 방어적인 성격의 소유자다. 첫 대면일 때 시선을
딴 곳으로 돌리는 인간은 상대보다 우위에 서서 상대를
무시하려 드는 속셈이다. 시선이 사방으로 불규칙하게
움직이고 있더라도 눈을 깜빡이는 간격이 규칙적이라면
머릿속에서 생각이 정리되고 있다는 의미다.

팔짱을 끼고 듣는 자세는 상대로부터 자기를
방어함과 동시에 필요하다면 언제라도 반격하려는 속셈의
표현이다. 대화 중에 먼저 한쪽 발을 얹거나 꼬는 것은
상대에 대해 우위에 서 있음을 나타내려는 행위다.
주먹으로 손바닥을 치거나 손가락 마디를 꺾는 행동은
상대에 대한 위협으로 봐도 무방하지만, 의식적이지 않은
때가 많다는 점도 간과하지 말아야 한다.

양 다리를 좁게 포개 앉는 인간은 마음 한 구석에
뭔가 모르는 불안을 안고 있는 경우가 대부분이다.

연필이나 손톱, 담배 필터를 씹는 버릇이 있는 인간은 성적性的으로 미숙하다고 보아도 괜찮다. 말하면서 자꾸 자신의 입을 가리는 버릇이 있는 인간은 내성적으로 사회체제에 순응하는 유형이다. 손, 손바닥 등으로 뺨이나 턱을 괴는 버릇은 자기의 약점을 숨기고 싶다는 심리의 표현이다.

어두운 색의 세로무늬가 든 셔츠를 즐겨 입는 인간은 자기의 위치에 불안해하고 심약한 경우가 많다. 화려한 원색 넥타이를 좋아하거나 반대로 아예 넥타이를 안 매는 인간은 자아가 강하다. 복장 스타일이 갑자기 바뀌는 것은 심경의 변화나 새로운 결의를 안고 있는 것으로 봐도 좋다.

상대의 일에 대해 시시콜콜 무언가를 들으려고 하는 것은 상대의 약점에 정통한 후 통제하고 싶어 하는 것이다. 농담처럼 험담을 하는 것은 그간 쌓였던 불만의 표출이다. '나, 나는'이라는 말을 자주 내세우면 자기현시욕이 강하다. 취하면 자기 말만 하는 인간은 평소 열등감이 많다.

'그래서'라는 말을 자주 쓰며 대화하는 인간은 사고가 치밀하지 못하고 집중력이 약하다. 평소 과묵하던 인간이 갑자기 말이 많아지면 이 부분에서 남에게 알리고 싶지 않은 비밀이 생긴 것으로 봐도 좋다.

　　한 가지 화제를 되풀이하면 반론을 겁내고 있다는
뜻이다. 반대로 논의가 충분히 마무리되지 않았는데도
빨리 결론을 내리려고 하는 태도 또한 반론을 겁낸다는
뜻이다. 말을 하면서 자기 혼자 장단을 맞추는 인간은
상대의 반론을 용납하지 않는 완고한 성격이다.
말의 템포가 그전 같지 않게 느릿느릿해졌을 때는
상대에게 불만이나 적의를 안고 있다는 증거다.
반대로 말의 템포가 전과 다르게 빨라졌을 때는 상대에게
열등감을 느끼고 있거나 거짓말이 숨어 있다.

이 책의 구성

2. 무능과 권력에 관하여

3.   책임과 설득에 관하여

4. 주체성, 창의성, 개성에 관하여

1.

불안과 불만에 관하여

인간은
관리를 당하는 것에도
불만을 갖지만
관리를 받지 않아도

불안해진다.

비판의 진짜 이름은 욕구불만

직장 안에는 이른바 불평을 늘어놓는 직원, 그럴듯한 명분을 내세우며
의욕 없이 빈둥거리는 직원, 매사 부정적이며 까다로운 직원 등이
있다. 회사나 직속 상사뿐 아니라 옆의 동료에 대해 줄기찬 험담과
비판을 일삼는 이들도 있다. 내용인 즉, "회사의 조직체계가 내 능력을
허비하고 있다", "우리 부서장은 내 적성에 맞지 않는 일만 던져준다",
"저 녀석은 일류대학 나온 것을 저 나이될 때까지 자랑하고 다닌다" 등
실로 다양하다. 그런 비판이 사실이며 회사의 상사나 동료들에게 문제가
없지는 않을 것이다. 그러나 불만과 비판을 일삼는 그들에게도 중대한
문제가 숨겨져 있는 경우 또한 적지 않다. 왜냐하면 불만에는 자기
행동의 참된 동기를 숨기고 그럴듯한 구실을 붙여서 자기의 속마음을
남에게 알리지 않으려는 심리가 동반되기 마련이다. 즉, 자기의 욕구가
충족되지 않을 때 상대를 비판함으로써 내적 자기만족을 대신 얻으려는
숨은 의도가 있는 것이다. 프로이트는 이 같은 인간의 심리 메커니즘을
합리화라고 했다.

　　　　예컨대 상사가 부하직원을 성희롱하고픈 욕구를 가지고 있다
치자. 그는 절대로 이것을 충족시킬 수 없을 뿐 아니라, 그같이 파렴치한
욕구를 입 밖에 내놓을 수도 없다. 그 마음을 사실 그대로 표현하면
자신의 사회적 지위가 위협받게 되므로 이 욕구를 스스로 억압해야
한다. 그래서 "업무적으로 높이 평가해야 할 이유가 전혀 없어"라고

깎아내리거나 "여자로서는 매력이 별로 없지"라는 식으로 험담을
늘어놓아 참된 동기를 숨긴다. 자기 기만의 논리를 찾아내 스스로를
납득시킴으로써 안정을 얻으려는 메커니즘, 다시 말해 합리화를 만들어낸
것이다. 이런 맥락에서 직원이 회사의 체계를 불평하는 것은 자신의
무능함을 인정하고 싶지 않기 때문이거나, 자기 상사의 험담을 하는 것도
자기가 그 자리에 올라가고 싶지만 될 수 없음을 알고 심리적 반작용을
일으켜 안정을 얻으려는 것일 수 있다.

　　　합리화 이론을 그럴듯하게 포장하여 특정인, 특정 문제에 대한
비판을 듣고 있노라면 그들의 속마음이 무엇인지 포착할 수가 있다.
의도를 읽어내는 데 그치지 않고 때에 따라서는 더러 귀 기울여 들을
만한 것도 나온다. 이런 합리화의 종류는 여러 가지다. 외부의 반사회적
욕구가 강할수록, 즉 정치적 불안이나 사회적 혼란의 시기일수록 이
메커니즘은 강하게 작용한다. 또 합리화가 자기의 욕구를 완전히
억압하지 않은 채 오히려 진짜 내면이 꼬리가 밟히는 때도 있다. 다시
말해 합리화란, 행동의 의미를 변형시켜 사회의 도덕 관습에 합당하게끔
꾸미고 핑계를 붙이는 위장술이다. 합리화는 자신의 열등의식이나
좌절감의 반사작용이며 이 같은 심리 상태에 빠져 있을수록 반응도 크다.
이같이 관찰한다면 퇴근 후 포장마차에서 직장, 동료, 상사의 험담을
해대는 무리를 볼썽사납다 매도할 수만도 없다. 술집이야말로 그들에게는
욕구불만을 표출하는 가장 적당한 장소이니까. 욕구불만 속의 진심이
비판이라는 이름으로 튀어나온다는 점만 기억해두면 된다.

엘리트주의자가 좌절을 경험할 때

흔히 직장생활을 가리켜 승부의 경쟁세계라고 말한다. 이기느냐 지느냐, 성공이냐 실패냐 하는 긴박한 분위기 속에서 자기 가능성에 도전하고 성취를 둘러싼 희비야말로 일을 하는 의미라고 할 수 있을 것이다. 옛부터 세상의 모든 경영자가 하나같이 주창하고 있는 '사는 보람론'은 개인의 욕망을 격려하기 위해 발상된 것이다. 기업을 이루는 구성원 중에는 일을 통해 사는 보람을 얻는 인생관을 가지고 있는 직원이 무척이나 많다. 그 반면 일에 구애받지 않고 정시에 출근하여 정시에 퇴근하면서 월급에 해당되는 만큼만 일하는 직원도 있다. 열혈 직원의 입장에서 보면 회사에 그만큼 시큰둥하면서도 싫증을 내지 않고 잘도 버틴다고 의아하게 생각할지 모른다. 그러나 인간에게는 원래 이 같은 생활을 하는 부류가 적지 않다. 하물며 엘리트 사원으로 입사하여 승승장구 고위직으로 승진 절차를 밟아나가기 위해서는 하루에도 수없이 많은 스트레스를 이겨내야만 한다. 따라서 그 심리적 억압에서 벗어나려면 엄청난 노력이 필요한데, 이런 경우 어느 정도까지는 분발하다가 중도에 지쳐서 자발적으로 승진 코스에서 이탈하는 직원도 적지 않다. 그래서 현명한 이는 자기만의 탈출구로 스포츠 같은 취미생활을 즐기며 스트레스를 적당히 해소한다.

인간에게는 누구나 나름대로 독자적인 자기 기대치가 있다. 그런데 그것이 제대로 성취되지 않을 때 까닭을 용이하게 전환시킬 창구 또한 절대적으로 마련되어 있다. 성공했느냐 실패했느냐를 제3자의 객관적 기준에 따르지 않고 주관적인 자기 기준에 견주어 판단하기에 엘리트 코스에서 탈락하거나 맡은 일이 제대로 진행되지 않더라도 결코 자기가 실패했다고 인정하지 않는다. 오히려 학력이나 인맥, 집안 내력 등을 과시하면서 자신이 회사에서 겪은 실패를 묘하게 위장하려 든다. 그런 엘리트 직장인일수록 내적인 기준도 높게 마련이어서 별것 아닌 일을 놓고도 잡생각에 매어 있다가 결국 열등사원으로 전락해버리기도 한다. 그중 대부분은 마음을 안정시키지도, 일을 손에 잡지도 못하며 본인 스스로도 왜 이런 상황에 처하게 된 것인지 원인을 찾아내지 못한다.

심리학의 관점에서 불안과 공포는 별개의 것이다. 공포는 지금 이곳의 문제나 사물에 관계된 감정이고 불안은 미래에 일어날 사태와 관계된 감정이다. 즉 파국이 실제로 오기 전에 그것을 예감하는 것이 불안, 뒤집어 말하면 불안을 느낄 수 있기에 사람은 미리 파국을 예상하고 그에 대한 마음의 준비를 할 수 있다. 문제는 어디까지나 미래에 관한 예상이기에 그 실체를 확실히 포착할 수 없어서 심리적 대응을 명확히 할 수 없는 데 있다. 따라서 엘리트 코스를 밟고 있는 직장인의 불안은 보이지 않는 끈으로 목을 조이듯이 인격의 핵심부를 위협한다. 일단 직장생활이 내 인생의 전부가 아닌 일부에 불과하다는 생각을 가지는 자세가 중요하다. 또한 일 자체가 남을 위해 의무적으로 하는 것이 아니라, 나 자신을 발전시키기 위한 성장동력으로서 책임감이라는 측면이 더 많다는 사실을 깨달아야 한다. 그래야만 불안으로부터 벗어나고 공포로부터 담대할 수 있다.

불안이 클수록 현실을 도피한다

구로사와 아키라의 영화 〈산다生きる〉(1957)를 보면 30여 년 동안 근무한 충직한 공무원이 갑자기 말기암 선고를 받고 얼마 남지 않은 나날을 어떻게 살 것인가를 궁리하던 끝에 전혀 새로운 현실에 눈을 뜨는 장면이 나온다. 그중에서도 인상적인 것은 그가 태어나서 처음으로 자기 의지로 무단결근을 하고, 한 번도 가본 일이 없었던 유흥가에 들어가는 부분이다. 그는 그렇게 실컷 흥청망청 지낸 후 다시 출근을 했다. 그런데 자신이 오랫동안 결근했는데도 사무실에서는 아무 변화 없이, 평상시와 똑같이 업무가 순조롭게 진행되고 있었다. 그는 큰 충격을 받고 '나는 일생 동안 무엇을 했는가? 나라는 존재는 어떤 것이었나?'에 대해 숙고하게 된다. 우리는 가끔 "일은 생활수단에 지나지 않는다. 놀고먹을 수만 있다면 그보다 더 좋은 일은 없다"라고 한다. 이 영화에서 주인공은 자기가 하던 일조차도 자기의 존재 유무와는 관계없이 또 다른 누군가에 의해 멈추지 않고 돌아간다는 것을 알고 한없는 무력감에 빠진다. 이 영화의 주인공처럼, 노동을 제거한다면 인간은 과연 어떤 형태로 남을 것인가?

이에 대한 해답이 될 만한 재미있는 일례가 있다. 일을 태만히 하는 직원에게 제재를 가하기 위해 며칠 동안 아무 일도 시키지 않고 특별실에서 놀게 내버려두었다. 그 방에는 온갖 오락기구가 있을 뿐 아니라 무엇을 해도 무방하다는 사실을 인지시켰다. 그러나 단 한 가지, 일하는 것만은 금지시켰다. 며칠 동안은 신나게 놀았지만 그 고비가

지나고 나니 그는 견딜 수 없는 불안에 빠지고 말았다.

인간이란 노동을 하지 않으면 인생의 무료함을 느끼고 그에 앞서 '과연 어떻게 살아갈 것인가?'라는 불안과 공포에 떨게 마련이다. 표면적으로는 일에 열중할 뿐더러 그 일을 통해 보람을 찾는 것처럼 보이는 인간도 실은 일에 대해 커다란 불만을 가지는 경우가 적지 않다. 이것은 인간의 심리적 방어기능으로 현실도피 메커니즘이 작용하기 때문이다. 인간은 적응이 곤란한 상황 아래서는 심한 불안에 휩싸이게 되는데 그런 불안 때문에 무의식중에 그 상황과 직면하는 것을 피해 직접 관계가 없는 다른 행동에 마음을 집중시켜 불안을 경감시킨다. 예를 들어 일부 학생 가운데는 시험 문제를 풀 수 없으면 해답과는 전혀 상관없는 것을 장황하게 써내기도 하는데, 이것 또한 현실도피 행동이다. 결과가 어떤 것인지를 알면서도 숨 막힐 듯한 시험장의 압박감을 견딜 수가 없어 그런 행동을 하는 것이다. 회사나 학교에서만이 아니라 사회의 최소 집단인 가정에서도 아내와 남편, 아이와 어른 사이에 일어날 수 있다.

중대한 불안을 가진 인간일수록 그것과는 관계없는 엉뚱한 일에 열중하는 것은 현실이라는 거대한 괴물과 정면으로 맞닥뜨리기를 두려워하는 심리다. 이런 증세가 심화되면 결국에는 병으로까지 발전하는 수가 있으니 경계해야 한다. 역설적으로 이야기하자면, 현실에 적극적으로 대치하면 불안감을 해소시킬 수 있다.

불만이 많으니까 다른 핑계를 찾는 것이다

직장인 세 명만 모이면 회사에 대한 불만이나 상사에 대한 험담을 늘어놓는 것은 으레 있는 일이다. 그런데 문제는 그들이 직접 회사나 상사에 대해 불만을 토로하지 못하는 울분을 험담이나 욕설을 통해 해소하고 공감을 얻으려는 소아병적인 마음가짐이다. 사실 어떤 집단이든 개인의 욕구가 억압당하는 여러 가지 장해물이 있게 마련이지만, 부하직원의 감정 따위는 아랑곳하지 않고 자신의 출세에만 연연하는 상사가 적지 않음을 볼 때, 그냥 지나쳐버릴 수만도 없는 노릇이다. 그렇다고 불만의 원인이 전부 회사나 상사의 탓일리는 없다. 자기 스스로에게 시선을 돌려 한번쯤 자신을 냉철히 점검해볼 필요가 있다. 많은 월급쟁이가 투덜대는 것 중의 하나는 임금에 대한 불만인데, 사실은 자신이 맡은 업무에 대한 불만을 월급이 적다는 식으로 전가시키는 경우가 적지 않다.

스웨덴의 어느 심리학자가 수백 명의 직원을 직접 면담하여 조사한 보고서에 따르면, 일에 열의가 없는 직원일수록 월급에 대한 불만이 컸다. 그들은 자신이 일에 흥미를 가지지 못하는 까닭은 월급이 적어서라고 말했지만, 실은 일에 대한 불만을 저임금에 결부시켜 자기위안을 하고 있었다. 또 다른 조사에서도 자신이 하고 있는 일에 열의가 없는 직원일수록 월급의 많고 적음에 보다 깊은 관심을 가지고 있다는 통계가 밝혀졌다. 그렇다면 그들이 불평하는 것만큼 월급을 올린다면 일에 대한 흥미를 가질 수 있을 것인가? 생각해볼 일이다. 월급이 높아졌다고 단번에 불만이 해소되고 급격히 일에 대한 열의와 흥미가 높아질까? 그것은 속단이다. 직장에서 얻는 여러 가지 불만은 월급 하나만으로 모두 해소될 만큼 단순하지가 않다. 월급 액수의 불만은 기업이라는 거대한 조직체가 개인에게 가해오는 압력에서 어떻게든 피해보려는 반사적 표현이다.

보통 심리적 압박감으로 나타내기 힘든 불만은 간접적인 다른 불만으로 전가되기 쉽다. 예를 들어 아내의 용모에 불만을 가진 남편이 아내의 요리 솜씨나 집안 살림 전반에 대해 마음에 들지 않는다고 불평하는 예가 그중 하나다. 남편과의 성생활에 불만을 가진 아내가 남편의 회사 일에 대해 과소평가한다든지 매사에 못마땅해하며 비난하는 것도 같은 예라 할 수 있을 것이다. 이것은 해당 가정에 조만간 위기가 닥쳐올 징조이며 끝내는 파탄의 늪에 빠질 확률이 높다. 만약 월급이 적다고 불평하는 직원이나 동료가 있다면 임금 인상을 노동조합에 의탁하기 이전에 우선 일의 본질을 이해하려고 노력하는 편이 어떨까? 대폿집에서의 술안주는 상사 험담이 최고라고 할 정도로, 술자리에서는 으레 상사에 대한 험담이 나오게 마련이다. 그러나 그 욕이 결국 돌고 돌아 자신에게 돌아온다는 사실도 알아야 한다.

불평불만은 자기 자신만이 해결할 수 있다

기업의 직원관리에서 최대의 과제는 어떻게 하면 근로자에게 '사는 보람'을 안겨주느냐 하는 것이다. 이 문제는 시대에 관계없이 지금도 해답을 얻기 위해 골몰하고 있다. 이 과정에서 미국 심리학자 프레더릭 허츠버그의 '동기위생이론(motivation-hygiene theory)'이 세상의 주목을 받은 적이 있다. 그는 200여 명의 직장인을 대상으로 두 개의 질문을 던졌다. 하나는 "일하면서 어떤 때에 만족을 느끼는가?"였고, 다른 하나는 "어떤 때에 불만을 느끼는가?"였다.

다들 전자의 질문에 대해, 일을 완전히 끝냈을 때 자신이 느끼는 뿌듯한 감정이나 일의 성과, 주변인으로부터 받는 평가와 일에 대한 스스로의 책임감을 '만족 요인'이라고 했다. 그리고 후자의 질문에 대해서는 회사의 경영 방침이나 기술관리, 월급, 상사와의 인간관계 등을 꼽으면서 이것을 '불만 요인'이라고 했다. 이 두 가지 요인은 내용면에서 전혀 다른 것으로, 만족 요인은 일 그 자체에 관한 것이었고, 불만 요인은 일을 하는 작업장의 환경이나 조건 등이었다. 바로 이것은 불만 요인이라고 말하는 것을 아무리 개선한다 해도 결코 만족감에 도달할 수 없다는 중요한 문제점을 안고 있다는 지적이다. 직원들이 임금이나 상사와의 인간관계 등을 불평하는 이유에 대해 그가 내린 결론은 기업 입장에서의 요점과 다르지 않았다. 일에서 사는 보람을 찾아내지 못하는 한 불평, 불만은 있게 마련이라는 것이다. 결국 노동조건을 개선하여 직원의 의욕을 북돋는다는 단순한 발상으로는 인간이 일하는 보람을 느낄 수 없다. 이것은 사용자 측의 관리 방식에 대한 지적이지만, 동시에 회사에 불만을 느끼고 있는 사원 측에도 시사하는 바가 크다.

허츠버그가 말하는 노동을 위한 환경은 회사의 업무 환경이나 노동 조건만을 의미하는 것은 아니다. 한마디로 자기 배우자나 가정에서 트러블을 겪고 있는 직원은 냉 · 온방이 잘 되는 고층빌딩이나 풍족한 보너스, 무료 구내식당 등을 결코 일하기 좋게 만드는 환경 여건으로 받아들이지 않는다는 것이다. 뿐만 아니라 그들은 자신이 안고 있는 불만의 본질에 눈뜨지 못하고 안락하고 설비가 좋은 사무실, 높은 연봉, 다양한 복지 혜택을 원하면서 계속 불평을 하게 마련이다. 따라서 직장인에게 실질적으로 필요한 것은 회사, 자신, 가정이 별개의 것이면서 동시에 하나의 공동운명체임을 자각하는 일이다. 작은 불평이나 불만은 보다 크고 엉뚱한 욕구불만의 변형이라는 사실을 알아야 한다. 불평이나 불만은 결코 타인에게 의지해서 해결되는 것이 아니다. 스스로 극복하고자 노력할 때 비로소 극복될 수 있다.

피해자라고 인식하지만 본심은 가해자에 가깝다

예를 들어, 의붓자식을 사랑하지 않는 의붓어머니가 그가 자신에게 적의를 품고 있다고 느끼고 남에게 그에 대한 두려움을 토로한다고 치자. 이런 경우는, 인간에게 자기 자신이 사회적으로 바람직하지 못한 감정을 가지게 되면 상대방도 자신과 동일한 감정을 가지기를 바라는 마음이 있기 때문에 비롯된다. 심리학에서 말하는 '투영 심리'인데, 무의식적 방어수단으로서 연대의식을 추구하는 속성이다. 즉, 자기가 품은 바람직하지 못한 욕구와 감정으로부터 자신을 지키기 위해, 상대방 또한 자기와 같을 감정일 거라고 생각해버리는 일종의 연대적 방위행동이다. 증오, 지배욕 이외에 투영되기 쉬운 심리로는 이상성욕, 부정직, 불성실, 포악 등의 메커니즘이 있다. 경우에 따라서는 반도덕적 범죄형이라고 낙인찍힐 정도로 포악한 위장자도 있다.

직장에는 "나는 열심히 일하고 있는데도 상사는 내가 고생하는 것을 몰라준단 말이야"라거나 "나는 상사에 대해 호감을 가지고 있는데 그가 나를 미워하는 이유가 뭔지 모르겠어"라고 떠벌리는 직원이 있다. 이 같은 언동 속에는 영락없이 투영 심리가 작용하고 있다. 또한 투영 심리에 사로잡힌 직원은 사사로운 일에도 극단적으로 비판을 일삼는다. 지배욕구가 강함에도 불구하고 사회적으로 억압된 직원이 타인으로부터 지시를 받는다든지 지배를 당하면 그에 대해 과민반응을 나타내거나 지배자를 비판하면서 강하게 반발하는 경우다. 즉, 자기 자신이 할 수 없는 욕구와 감정을 보다 확대시키고 물고 늘어지는 방식으로 자기를 표현하는 공격적인 태도를 취한다. 그리고 이런 경우, 비판이나 비난은 병적이라 할 수 있을 정도로 철저해지기도 한다.

직장 내에는 자기의 부주의나 무능, 실패 등을 다른 동료 탓으로 돌린다든지 회사의 탓인 것처럼 전가하려는 직원이 생각보다 많다. 보통 책임전가라고 불리는 이 같은 행동도 투영 심리의 일종이다. 조직은 규모가 커지면 커질수록 확고한 체계가 필요해지는 반면, 그 조직의 구성원들은 상사든 부하이든 간에 서로에게 책임을 전가하려는 경향이 강해진다. 이런 상황에서 상대의 책임이나 실수를 정도 이상으로 비난하거나 공격하는 이가 있다면 그는 틀림없이 투영 심리를 가지고 있다고 보아야 할 것이다. 어쨌거나 본인은 피해자라고 의식하더라도 이는 숨겨진 가해자 의식의 반전이라는 투영 심리의 포인트를 되새기면 동료나 부하의 행동에 숨겨진 심리를 어느 정도 읽어낼 수 있다.

상사를 쇠파이프로 때려죽인 살인사건이나, 폭력을 휘둘러 가해를 입히는 등의 무지막지한 행위는 그 심리가 이미 병적으로 확대되어 마침내는 망상이 발작을 일으킨 결과일 뿐이다. 이 같은 이상성격일수록 직장이나 조직 속에서 잘난 척하거나 말이 많고 앞장서기를 좋아하는데, 사실 이런 행위의 강도가 세면 셀수록 자신의 부족함을 위장하기 위한 허세에 불과한 경우가 많다는 점만 명심하자.

직장을 부정하는 사람일수록 실제로 뛰쳐나가지는 못한다

같은 시기에 입사한 직장인이라도 몇 년의 세월이 흐르고 나면 각각의 입장과 경험, 일의 실적 등에 따라 의식에 상당한 차이가 생기게 된다. 즉, 누군가는 노동자라는 의식을 강하게 가질 수 있고 누군가는 관리자의 입장에 이입을 하기도 한다. 이러한 차이는 크게 보아 경영자에 대해 협력적인 자세를 취하느냐 그렇지 않느냐는 것으로 분기되어 나타난다. 예를 들어, 작업 연장의 요청을 받았을 때, 또는 휴일 근무의 요청을 받았을 때, 한쪽은 가정을 지킬 의무가 있다는 명분을 내세우거나 근로조건 등을 내세워 조직의 요청을 거부하지만, 다른 한쪽은 적극 협력한다. 이 조사는 그 어느 쪽이 직장인으로서 성장해가는 데. 옳은 길인가를 논하려 하는 게 아니다. 직장인은 누구나 인생관이 있으므로 각자 나름의 판단에 따라 어느 한쪽을 선택할 권리가 있다. 반면 선택의 권리가 존중되면 결과에 대해서도 책임을 져야 한다.

직장인 중에 어느 시점에서 급전환했다고 말해도 좋을 만큼 경영자적인 관점에서 노동자적인 관점의 소유자로 변하는 이를 본 적이 있는데, 사실 좋은 경우는 아니었다. 그는 입사 이후 늘 대기업의 엘리트 코스에 있었고 상황이 순조롭다면 동기들 가운데 누구보다도 빠르게 임원이 될 것으로 자타가 예상했었다. 그런데 어느 때 예상치 않았던 실패를 겪은 후 그의 진로에 어두운 그림자가 드리워지기 시작했다. 그는 실망이 컸고, 다 잡은 대어를 놓친 듯한 아쉬움과 회한이 머릿속에서 떠나지 않았다. 그래서 그는 1~2년 동안 입지 회복을 위해 안간힘을 다했지만, 한번 탈락한 이는 완고한 권력 구조의 중심부에까지는 파고들 수가 없었다. 그는 이 불가능을 자각한 즉시 전혀 딴판의 인간으로 변해버렸다. "회사의 직원은 어디까지나 자본가에게 노동력을 팔고 있는 노동자에 지나지 않는다. 목이 달아나지 않을 정도로 일하고 노동력을 판 것만큼의 월급을 받으면 그뿐이다. 조직과 개인의 관계란 그 이상도 그 이하도 아니다. 조직을 위해 헌신하는 것이 곧 자기 자신을 위하는 길이라는 말은 사장의 거짓말이다"고 술을 마실 때마다 고함을 질렀다. 자신의 욕구불만을 이렇게 분출함으로써 내적으로 보상받으려 했던 것이다. 이 이야기에는 재미있는 후일담이 있다. 이 소문을 들은 라이벌 회사의 경영자가 그를 스카우트해서 아주 중요한 부서에 수장으로 앉혔는데, 그러자 그 불평불만의 인간형은 온데간데없이 사라지고 조직을 위해 무서운 집중력을 발휘하는 열성적인 직장인으로서 대활약했다.

직장인이란 자리가 달라지면 능력도 달라지는 변수를 가지고 있다. 예컨대 조직을 부정하고 조직의 약점을 꼬집어 비난하는 직장인은 조직이 인생의 전부는 아니라는 탈조직형 인간에 비해, 조직지향적이고 심리적 탈조직을 성취시키지 못한다.

불안과 공포는 별개의 것이다.

공포는
지금 이곳의 문제나 사물에 관계된 감정이고,
불안은
미래에 일어날 사태에 대한 감정이다.

불안과 공포는 다르다

조직에 소속된 개인을 조직의 형편에 맞게 움직이려는 소위 관리사상이
팽배해가고 있다. 이와 관련된 자기계발서가 서점에 즐비한데, 이들
대부분의 책 속에는 거의 예외 없이 "명령을 저항 없이 받아들이게
하려면, 명령을 하지 말고 협력을 의뢰해라"라는 기법을 제시하고
있다. 물론 이런 투의 말은 자주 들어온 터이고, 또 사실이 그렇다면
이보다 좋은 협력방안도 없을 것이다. 그러나 이 말 속에는 교묘한
함정이 있음을 알아야 한다. 여기에는 인간의 심리학적인 이유가 있다.
인간은 자기의 의지가 반영되지 않은 업무 지시에 따라 행동하기보다는
자기의 의지가 반영되었다고 느끼는 업무 지시에 따라 행동하는 쪽에
저항감을 덜 느낀다. "이것을 갖다주게"라고 명령하는 것보다는 "이것을
좀 전해줄 수 있겠는가?"라고 부탁하는 쪽이 남을 더 쉽게 움직일 수
있다는 것은 누구나 경험적으로 알고 있는 사실이다. 그래서 동서고금
경영서에는 언제나 "단순히 이렇게 하라고 명령을 내리기보다는 자기의
행위를 정당화시키려는 이기적인 동기를 부여하는 쪽이 효과적이다"라고
강조하고 있다.

　　　일방적으로 명령하면 상대는 노예가 되고 자신은 노예의 감독자
입장이 되지만, 부탁을 하면 상대는 명령한 이와 같은 집단의 일원
같은 착각을 갖게 되므로 강제로 했을 때보다 훨씬 더 조직에 협력적일
수 있다. 그런가 하면 부하에게 직접 명령을 내리는 상사는 단순형의

인간이라고도 볼 수 있다. 부탁이나 협력이라는 미명 아래 명령과 강제를 가하는 상사는 표면적으로는 온화해 보이고 사리 판단에 밝아보일지라도 실은 그다지 똑똑한 인간은 아니다. 한편 직장에는 으레 잔소리를 퍼붓는 상사가 있게 마련인데, 이것도 하급 직원으로서는 참기 어려운 일이다. 잔소리를 퍼붓는 상대가 눈앞에 있는 한 심리적인 공포감을 털어버릴 수 없기 때문에 이들은 "언젠가 목이 달아나지 않을까? 좌천당하지 않을까?" 하고 걱정하게 된다.

앞서 말했듯 심리학에서는 불안과 공포를 나누어 생각한다. 공포는 현실의 인간이나 사물에 관계되고, 불안은 장래에 일어날지도 모르는 사태와 관계된다고 한다. 파국이 닥치기 전에 그것을 예감하는 것이 불안이다. 바꾸어 말하면, 불안을 느끼면 미리 파국에 대한 마음의 준비를 할 수 있으나 불안 그 자체는 미래에 관한 것이어서 파국의 실태를 확실히 포착하기가 어렵고 심리적인 대응도 명확히 할 수 없다. 따라서 심한 불안의 지속은 심리적 공포감으로 인해 당사자의 인격이 손상될 수 있다. 유난히 불안에 예민한 것은 개개인마다 타고난 신경 강약이 다르기 때문도 있겠으나 기본적으로 실체 없는 두려움에 자기다움을 잃어버린 데서 온다고 봐야 한다. 이럴 때는 제아무리 뛰어난 이의 인생이라도 빈손으로 왔다가 빈손으로 가는 것이므로 지나치게 미래에 대해 걱정하는 것은 좋지 않다는 마음가짐을 가지는 게 최선이다.

상사를 흉내 내는 부하직원은 위험하다

아이들을 잘 관찰해보면 말버릇이나 몸놀림 등이 부모와 많이 닮아 있다.
이것은 부모의 애정을 얻고 싶어 하는 어린아이의 마음에서 생겨난
현상으로, 반대로 말하면 애정을 얻지 못했을 때 부모로부터 버림받게
될지도 모른다는 위험을 무의식적으로 회피하려는 반응이다. 직장에서도
자기 상사의 특징을 잡아 흉내를 잘 내는 직원이 있는데, 이들은
일거수일투족 거의 완벽하리만큼 흉내를 낸다. 이런 것을 장난삼아
한다면 몰라도 자신도 모르는 사이에 사고방식이나 행동까지 닮아간다면
사태는 심각해진다. 이 같은 현상을 심리학에서는 '수용현상'이라고
하는데 여기에는 반드시 욕구불만이 잠재해 있다. 때에 따라서는
적의나 증오의 감정이 처리되지 못한 채 억압되어 있을 수도 있다.
어느 누구도 처음부터 상사와 똑같은 생각을 가질 수는 없다. 처음에는
반항하거나 마지못해 명령에 복종했다가도 결국 절충과 타협의 수단으로
그와 닮아가기를 모색하게 되는 것이다. 그 과정에서 적의나 반감을
노골적으로 드러냈다가 호되게 야단맞는 일도 일어날 수 있다.

인간 개개인은 심약한 존재로서 이 같은 조직의 상하 권력관계를
과감히 타파하고 현실적으로 해결하지 못한다. 여기에서 무의식중에
수용반응을 일으키게 되고 그럼으로써 욕구불만을 해소하려 든다. 최초의
단계에서는 의식적으로 상사에 동화하려고 시도해보기도 한다. 이를 다른

시각에서는 소아병적인 증상으로 보는 경우도 있다. 어린아이의 경우와 마찬가지로 상사로부터 눈 밖에 나지는 않을까 하는 불안에서 비롯되기 때문이다. 이 불안이 높아지면 나중에는 무의식적으로 목소리와 표정, 걷는 모습까지도 닮아가게 된다. 이런 상태에까지 이르면 이미 인간의 본성은 상실되고 상사에 의해 조종되는 꼭두각시에 불과한 인간이라 해도 과언이 아니다. 이는 자기 부재라 할 수 있으며 그의 장래는 불 보듯 뻔하다. 복제되거나 조종되는 로봇도 아닌데 얼마나 놀라운 사실인가?

이 같은 인간을 직장이나 그 밖의 조직집단에서 발견할 때마다 기업 또는 조직이라는 것이 얼마나 무서운 것인가를 생각하게 한다. 물론 마음속으로부터 상사에게 빠져들어 그의 언동을 배우거나 상사와 같은 유능한 직장인간이 되고자 노력하는 경우는 건강한 상태일 것이다. 그런데 상사의 기분을 맞추거나 잘 보이려는 아부심리가 그렇게까지 만들었다면 위험천만한 일이 아닐 수 없다. 상사의 좋은 면과 나쁜 면을 비판적으로 보는 눈을 조심스럽게 가져야 한다. 그러나 앞서와 같은 흉내쟁이 유형에게는 약간의 정신병리적 해석을 해볼 필요가 있다. 뱁새가 황새 흉내를 내다가는 가랑이가 찢어져 죽을 수밖에 없다. 모방도 모방 나름이다. 비판 의식 없이 상사의 모든 것을 무조건 수용하는 것은 성인으로서는 스스로의 인간성을 포기하는 일에 가깝고 직장인으로서도 비극 중에 비극이다.

적이 강하면 칼날은 자기 자신을 향한다

공격이란 일반적으로 타인에게, 즉 외부를 향해 가해지는 것이다. 그런데 상대의 힘이 너무 거대하고 강력하다 보면 그 공격이 뒤집혀 오히려 자기 자신에게로 향하기도 한다. 이는 직장 안에서도 종종 일어나는 현상으로, 조직이 너무 거대한 데다가 상사가 예상 외로 강력한 힘을 가지고 있는 경우가 그렇다. 우선 상대의 힘이 강력한 경우 상대의 생각이나 행동을 자기 것과 동일시하면서 자신을 안전하게 지키려는 시도를 한다. 상사가 특정 색깔의 넥타이를 매면 자기도 그런 색을 매고, 상사가 골프를 좋아하면 자신도 그것을 배우기 시작하는 행동이 하나의 예다. 이렇게 되면 자신과 강력한 상대와의 사이에 대립관계가 일어나지 않고 심리적 안정을 얻을 수 있다. 이런 현상에는 같은 것을 즐기므로 상대의 마음을 이해하고 조직 안에서 자연스럽게 관심사를 말할 때 용이하다는 이점도 있다. 이것을 심리학에서는 수용 현상이라고 한다고 앞서 말한 바 있다.

그런데 만약 그 강력한 상사에게 새로운 강자가 나타나 권력관계를 놓고 격렬한 공격을 주고받는 사태가 일어난다면 과연 그 부하직원은 어떻게 될까? 싸움에서 이긴 자, 그러니까 더 강한 자에게로 옮겨가 그와 자기를 동일시하게 되거나 아니면 공격을 당하는 기존의 상사와 여전히 스스로를 동일시하면서 자기 자신에게도 공격이 가해지고 있다고 생각해버린다. 이번 달의 매출이 줄었다는 이유로 부장으로부터 질책을 받은 과장이 곧 자기 자신이며, 경쟁 회사로부터 공격을 받아 판매 실적이 떨어진 부서 매출도 자기 탓이라고 생각하게 된다. 더 심해지면 우편함이 빨간 것도, 전봇대가 높은 것도 모두 '내 탓이다'라는 심리가 되어버린다. 전형적인 자책 현상으로 내버려두면 노이로제로의 원인이 되며, 극한 상태가 되면 목숨을 스스로 끊는 사태에까지 이르기도 한다. 노이로제 외에도 직장생활과 결부된 정신이상으로, 자기 자신을 우매하고 용렬한 인간으로 생각하는 미소망상微小妄想이 있다. 이것도 직장에서 욕구불만의 대상이 역전해서 자기 자신에게 돌아온 경우다.

　　자책의 심리가 강한 직장인은 책임감이 강하고 상사를 끔찍이 위하는 것처럼 보이지만 사실은 심약한 성격인 경우가 많다. 특히 수용 행동을 보이는 직장인에게 이러한 경향이 높다. 예를 들어 어떤 관리 직책에 있는 이가 그 직책을 더럽힌 사건이 일어났을 때, 상사가 자신을 사건의 중심인물로 보고 있다고 느낀 나머지 상사의 책임을 뒤집어쓰고 자살하는 비극도 이런 정신적 압박감 때문이다. 심약하다는 것은 의지가 약하다는 뜻이며, 심약한 직장인이란 주체의식이 결여된 인간형이다. 인간에게는 고독과 흡사한 무력감 같은 것이 있어서 혼자 있기를 꺼려한다든지 집단으로부터 이탈하는 것을 두려워한다. 이는 집단 속에 있어야 안정을 얻을 수 있다는 생각에서 비롯된 것이다. 그 일례로 여럿이 있을 때는 말도 잘하고 활기 넘치게 행동하던 이가 낯선 타인과 마주치거나 환경이 바뀌게 되면 꿀 먹은 벙어리가 되고 마는 경우다. 이렇게 생각하고 보면 직장에서 갖는 자책심리는 조직이 만들어내는 죄악이나 다름없다.

의존적인 직장인이야말로 가장 불만이 많다

직장에서 일하다 보면 언제나 해결되지 않는 욕구들로 불만이 쌓이게 마련이고 그 해소 방법도 저마다 가지각색이다. 이러한 불만의 요인을 어떻게 다루는가를 분류해보면 다음의 네 가지로 나눌 수 있다.

첫째, 적극적인 유형이다. 불만의 원인이 되는 장해를 적극적으로 극복 제거하여 자기의 욕구를 충족시킨다.

둘째, 우회적인 유형이다. 일단은 회피하고 나서 지름길보다는 우회로를 거쳐서 목표에 도달, 자기의 욕구를 결국 충족시킨다.

넷째, 대상代償적인 유형이다. 처음에 가지고 있었던 욕구를 다른 욕구로 대치한 후 그것을 만족시킴으로써 최초의 욕구를 충족시킨다.

넷째, 체념적인 유형이다. 욕구를 일시적으로 연기하든지, 그렇지 않으면 영구히 체념해버린다.

네 가지 반응 가운데 첫째, 둘째, 셋째의 유형은 적극성 면에서 정도의 차이는 있지만 어떤 일에 대한 불만을 자기 힘으로 해결하려는 쪽이다. 이에 반해 큰 나무의 그늘에 들어가려는 쪽, 즉 의타심이 강한 네 번째 유형의 직원은 불만을 스스로 해결하기는커녕 그 자체가 자기 탓이 아니라 남의 탓인 것처럼 착각하고 대부분 체념해버리게 된다. 이런 유형은 술도 오락도 즐기지 못하는 꽁생원들 가운데 많다.

이 같은 일이 쌓이다 보면 초조해지고 우울해져서 언제나 불안한 상태에서 투덜대며 하루하루를 살아가게 된다. 한편 이런 심리상태에 빠지면 오른쪽으로 갈 것인지, 왼쪽으로 갈 것인지도 자기 의지로 결정하지 못하고 우왕좌왕하는 낭패를 겪는다. 이 때문에 두 개의 욕구 사이를 영구히 오가는 시계추와 같은 반응을 일으키고, 마침내는 한쪽만을 만족시키고 다른 한쪽은 욕구불만인 채로 남겨두게 된다. 그렇다고 해서 상사가 내린 결정에 만족하고 있는가 하면 그것 또한 결코 아니다. 욕구불만은 그대로 마음속에 계속 남아 있게 된다. 당사자는 하는 수 없이 전혀 자기 의사가 아닌 피동심리에 의해 그 결정에 따르게 되고 그로 인해 욕구불만이 점점 중첩되어 마음속에 무겁게 침전된다.

이런 심리상태에 있는 직원은 출세를 포기한 것처럼 보이기도 하지만 결코 그렇지 않다. 그렇게 보이도록 행동할 뿐이다. 당사자는 자기 마음을 스스로 짓누르고 있는 데 지나지 않는다. 이런 이의 마음 한복판에는 회사나 동료에 대해 원한을 품고 있는 경우가 대부분이다. 인간은 어떤 의미에서 보자면 태어날 때부터 연극배우와 같다. 본심을 숨기고 행동하는 와중에 자기 자신까지 기만하면서 연극 속에 스스로 빠져버리기 때문이다.

윗사람에게는 약하고
아랫사람에게 고압적인 상사와 마찬가지로
상사에게 반항적인 태도로
잘난 척하는 신입사원도 알고 보면

같은 부류다.

의지가 약한 직원일수록 반항적이다

어떤 연구를 위해 유수 기업체의 임원들을 모아놓고 휘하의 젊은
사원들에 대한 실태를 조사했던 적이 있다. 이 조사 보고서에 의하면
'시키는 일은 대부분 잘 해낸다'와 '조금이라도 자기 기분에 맞지 않는
일을 시키면 즉각 반항한다'라는 상반된 결과로 나타났다. 그리고 보면
회사의 직원만이 그런 것이 아니라 학생들 간에도 이 같은 극단적인 두
현상이 언제부턴가 심화되고 있다. 꼬박꼬박 수업에 참석해서 시키는
대로 공부하는 유형이 있는가 하면, 선생으로부터 지적을 받거나 질책을
당하면 금세 화를 내고 대드는 반항적인 유형도 적지 않다. 이 상반된
관점이 어떻게 나오게 되었으며, 또 어느 쪽이 옳은가라는 의문이
생기지만 진지한 토론을 한 결과, 결국은 젊은이들의 어느 일면만을 본 데
지나지 않았다는 결론을 내리고 말았다. 즉, 두 가지 유형으로 분류하기
이전에 정도의 차이는 있겠지만 인간이라면 누구나 이 두 가지의 상반된
태도를 본시부터 가지고 있다. 이것이 인간의 '양면성'이다.

　　　　학교 내에서 난동을 부려 경찰서에 붙들려 간 학생에 대해, "놀랄
만큼 얌전하고 착한 학생입니다"라고 평하는 경찰관을 가끔 보게 되는데
이 또한 인간의 양면성을 입증하는 좋은 예다. 그런데 이렇게 반항적인
문제아가 늘어가는 이유는 그들의 의지가 아직 성숙되어 있지 못하기
때문이다. 즉, 이 같은 반항적인 태도는 의지의 미발달 단계에서 흔히
나타나는 현상으로, 예컨대 칭얼대며 보채는 어린아이는 부모가 어떻게

해도 달랠 수 없다가 새로운 장난감이나 과자 등을 보면 갑자기 울음을 그치고 생글생글 웃으며 말을 잘 듣는 것과 같다.

이것이야말로 두 가지 태도의 전형적인 예인데, 심리학에서는 전자를 '거절 반응'이라 하고 후자를 '맹종 반응'이라 부른다. 어쨌든 그 어느 것이나 외부 환경에 대한 원시적인 반응이다. 인간만이 아니라 모든 생물이 외부 환경과 잘 적응되지 못하면 살아가기가 어렵다. 특히 약자는 강자에 대해 맹종과 반항이라는 적응 방법으로 자기의 생명을 지키고 보전한다. 자신을 지켜주는 주인에게는 무척이나 충직한 개도 타인에게는 무서운 맹견이 되는 것과 같이, 의지가 덜 발달된 인간일수록 권위에 복종하든가 아니면 거절하든가 하는 둘 중 하나의 태도를 취함으로써 위기를 피해나가려 한다.

이렇게 보면 요즘 젊은이들이 의지가 덜 발달된 미숙아라고 할 수 있으나, 그만큼 적응 방법이 훌륭하다는 역설적인 뜻으로 해석될 수 있다. 상사에 대해서는 고양이 앞의 쥐 모양으로 살살 기면서도 하청업자에게는 큰소리치는 직원을 의지미달자의 전형이다. 윗사람에게는 약하고 아랫사람에게 고압적인 상사와 마찬가지로 상사에게 반항하는 태도로 잘난 척하는 신입사원도 알고 보면 같은 부류다. 이는 자신의 약한 의지를 감추고 보호하고자 하는 방어본능 때문이다. 풋사과는 역시 풋사과여서 시고 떫은맛이 있게 마련이니까.

불만의 내성은 저마다의 성장과정에 달려 있다

직장에서는 업무적으로 직원 간에 부딪치는 경우가 심심치 않게
발생한다. 이는 불만에 대한 내성 탓이다. 일하는 직원이 여럿이다 보면
남달리 고생스럽게 일하면서도 군말을 하지 않는 유형, 웬만한 일에는
미동도 않고 자기 할 일만 묵묵히 해내는 유형 등이 있다. 이 같은 유형은
불만에 대한 내성이 강한 주인공들이다. 그들 대부분은 불만에 대해
나름대로의 처리 능력이 능숙할 뿐 아니라 적응하기 어려운 상황에서도
여유만만하게 대처해가는데, 대개 성장 과정에서 성격이 가지각색인
타인들로부터 욕구불만의 과정을 겪었거나, 체험적으로 처리해온
경험이 있는 일종의 기술자라고 할 수 있다. 그들은 대개 도저히 감당하기
어려운 주변의 소용돌이에도 흔들리지 않고 자기중심을 지켜나가는
의지를 가지고 있다. 어려서부터 갖은 어려움과 불만을 겪어온 가운데
적절한 훈련을 받은, 이른바 단련된 인간인 것이다. 이에 반해 내성이
약한 직원은 작은 불만이나 역겨움도 참지 못하고 바로 빈사상태에
빠지고 만다.

이처럼 인간의 성장과정은 두 가지 유형으로 나누어볼 수 있다.
첫 번째 유형은 욕구불만의 체험이 전혀 없었던 인간이다.
그야말로 '오냐오냐' 하는 가정에서 제멋대로 자라나 내성이 길러질
여건이 아니었던 탓도 있겠지만, 온실 속의 식물처럼 모질고 세찬 풍파가

무엇인지를 모르고 자란 탓일 수도 있다.

　　두 번째 유형은, 첫째 경우와는 반대로 강렬한 불만이 쌓이고 쌓였던 탓으로 오히려 내성이 약하다는 것을 엿볼 수 있다. 그 이유는 너무나 많은 불만이 겹치다 보니 하나의 불만에 대처할 요령이 완성되기도 전에 다음 불만이 닥쳐와서 불만에 대처할 기술을 연마할 여유가 없었기 때문이다. 그 전형적인 예로 지나치게 예의 바른 인간을 들 수 있다. 그들 대부분은 유년기에 세찬 시련을 겪었기 때문에 불만 자체가 무엇인지, 불만의 본질이 어떤 것인지조차 파악할 겨를이 없이 성장했다. 불만에 대한 내성을 보면 그의 과거를 알 수 있다는 말은 바로 이런 경우를 이른다.

　　결국 참는다는 것은 미덕이 될 수도 있지만, 참지 못할 일까지 참는다는 것은 문제가 있다. 참아야 할 때 참을 줄 알고 참아서는 안 될 때는 노도와 같이 대항해야 한다. 그런데 정말 참아서는 안 될 극한 상황에서도 참는다는 것은 감정을 가진 인간으로서는 어려운 일일 뿐 아니라 인성이 길러지는 과정에 흠이 있다고 보아야 할 것이다. 참아야 할 때만 참는 것이 진정한 용기이다.

무표정만큼 강렬한 감정표현은 없다

기업이나 기관에 가보면 가끔 표정이 가면처럼 굳어 있는 담당자와 마주칠 때가 있다. 강연회장의 단상에 올라서 관찰해봐도 싱글벙글 웃는 이, 탄복한 듯이 고개를 끄덕끄덕하고 있는 이, 각양각종의 감정을 드러내는 인간 무리에서 유독 아무런 반응도 나타내지 않는 듯한 유형의 인간이 섞여 있다. 이런 인간은 모름지기 직장에서도 상사의 농담에 웃거나 미소 짓지 않을 뿐 아니라, 회사에 좋은 소식이 생겨 야단법석일 때도 오직 혼자서 무연하게 있는 인간으로, 심리학에서는 '데드마스크 증상'의 인간형이라고 한다. 그런데 이 같은 무관심이나 무감동은 조직이나 상사의 압력에 대한 가벼운 저항심리가 내포된 경우가 적지 않다. 심리학적으로 데드마스크 증상의 첫째 원인은 상사에 대한 증오나 적의 등의 감정을 상대에게 눈치채지 않게 하려는 무의식적인 방어수단이다.

동양인은 옛부터 감정 표출이 빈곤하고 표정이 애매한 것으로 유명하다. 이것은 서구와 달리 동양의 인간관계가 횡적이 아니라 종적인 탓도 있다. 이와 같은 종적 사회, 즉 수직사회에서는 필연적으로 아래는 위의 심기를 살피고 부정적 감정을 건드리지 않기 위해 지나칠 정도로 신경을 쓰게 마련이다. 그리고 증오심이나 적개심을 윗사람이 눈치채지 못하게 하기 위한 방법으로 감정의 표출을 억제한다. 데드마스크 증상의 또 한 가지 원인으로, 인간관계에서 중압감을 느꼈을 때 혹은 곤란을 느꼈을 때 마음의 문을 굳게 잠그고 그 속으로 숨어버리는 내폐성이라는 습성을 들 수 있다. 분열증 환자에게서 이 극한적인 형태를 볼 수 있는데, 말기가 되면 감정이 무디어져 무표정해진다.

내향적 인간은 본래 마음의 문이 유달리 두터운 데다가 내성적이고 비사교적 성향이기 때문에 인간관계가 원만히 잘 이루어지지 않는 폐단이 있다. 이런 때 외부와 조화를 이루지 못하면 점점 기피하게 되는 수가 있다. 이 같은 상황에서 압력이 가해지는 조직일수록 데드마스크 인간이 많아지게 된다. 이렇게 생각하면 이 증상이야말로 하위직 직원, 억압당하고 있는 인간에게 있을 수 있는 하나의 병적 요인이라고 할 수 있다. 그러나 사실은 자신에게 더 많은 문제점이 있음을 알아야 한다. 이들은 감정을 드러내는 행동을 한껏 억제하는 것이 상사나 조직에 대한 제 나름의 저항의 표현이라고 생각할지 모르지만 일거 보면 무표정만큼 강렬한 감정 표현도 없다. 무표정이란 외부에 드러났을 때 본인이 의식하는 것보다 훨씬 경직되어 있는데, 가장 무서운 표정을 짓고 있음을 막상 본인은 알지 못하기에 계속 같은 상태를 유지하고 늦든 빠르든 주위의 모든 시선이 집중되어버린다. 결과적으로 이 같은 부류들은 상사는 물론 동료로부터 멀어지며 정도가 지나치면 고립무원의 수준에 이르게 된다. 그리고 말할 것도 없이 조직 내 고립은 직장인에게 주어지는 가장 혹독한 형벌이다.

자유를 감당할 수 있는 인간은 많지 않다

어느 대학이나 마찬가지로, 5월에서 6월 사이에 신입생 노이로제 환자가 급격히 늘어난다. 따라서 학교 당국은 물론 학부형까지도 걱정하는 일이 끊이지 않는다. 그런데 노이로제에 걸리는 학생의 대부분은 부모 곁을 떠나 혼자서 하숙이나 자취를 하고 있는 지방 출신들이다. 입학할 당시만 해도 활기에 차 있던 학생이 어째서 단시일 안에 정신적인 불안과 착란 상태에 빠지게 되는 것일까?

나는 심리학을 전공한 입장에서 그 같은 학생들과 만날 기회가 많은 편인데, 거기에는 '자유에 대한 불안'이 최대의 원인이라고 보게 되었다. 그들은 처음엔 부모의 곁을 떠나 한동안 혼자 사는 해방감 속에서 자유를 만끽하지만 두어 달 지나고 나면 자유로운 생활이 오히려 불안해지기 시작한다. 부모 밑에 있을 때 여러 가지로 간섭받고 자란 경험자이기 때문에 해방, 즉 구속이 뒤따르지 않는 생활이 무척이나 좋았을 것이 틀림없다. 그들은 여기서 대학의 해방감을 맛보게 되고 대학이야말로 천국인 듯이 착각하기도 한다. 그러나 몇 달 지나고 나면 고등학교 때와 같은 규칙적인 생활도 없고, 거기다가 수업 자체도 기대했던 내용도 아닌 데다 마음 놓고 이야기를 나눌 친구도 없다면 자연히 불안과 고독이 겹쳐 최악의 상황으로는 우울증이나 노이로제 상태에 빠지고 만다. 고등학교 시절만 하더라도 귀찮고 성가시긴 했어도 앞뒤를 살펴줄 교사가 있었지만 대학은 전혀 사정이 다르다. 모든 것이 자주적인 판단에 따라 행동하게끔 되어 있기 때문에 방만해지려면 얼마든지 가능하고 대가도 스스로 치러야 한다는 위험이 있다. 세상일이란 모두 나 좋을 대로만 되어가는 법이 없다는 것을 홀로서기를 막 시작한 신입생은 아직 몰랐던 것이다.

인간이란 자유를 얻으려는 반면에 막상 자유가 부여되면 자유 자체에 불안을 느끼는 모순된 면을 지니고 있다. 그야말로 '자유로부터의 도피'인 것이다. 대학 입학 초기의 예와는 반대로 자유로운 대학생활을 마치고 취직하면 이 문제가 또 등장한다. 다시 회사라는 집단의 규칙 속에 생활을 하게 되기에 긴장감을 갖게 되고 기대가 부푸는 것도 일순간, 규칙에 얽매이는 생활이 계속되어 마침내는 그 부자유스러움에 불만을 느끼게 된다. 이런 상황에서 서너 달을 지내면 회사를 그만두고 싶은 생각이 머릿속에 떠오른다. 결국 인간이란 관리당하는 것에도 불만을 갖게 되지만, 관리를 받지 않아도 불안해진다. 이와 같은 인간심리의 모순을 깊이 관찰하면 리더나 상사의 스타일을 두 가지로 나눌 수 있다. 하나는 규칙을 방패로 부하들을 꼼짝달싹 못하게 조이는 규칙의 신봉자이고, 다른 하나는 규칙을 되도록 융통성 있게 적용시켜 부하 스스로가 자주적인 판단을 하도록 맡기는 스타일이다. 일반적으로 전자는 부하들로부터 별로 호감을 사지 못한다. 그리고 그 자신은 정년퇴직 후에 규칙이 없어진 생활을 하게 될 것에 대해서도 미리부터 겁을 먹는다. 그러나 후자는 전자에 비해 부하들로부터 호감을 살 수 있지만, 이 경우도 융통성과 판단력을 적절히 구사하지 못하면 오히려 부하로부터 신뢰감을 얻지 못하므로 상당한 노력과 분별력을 요한다.

자유가 늘어날수록 고통도 커진다

학창시절 내내 제멋대로 생활을 해온 젊은이가 본격적으로 회사에 들어가서 제일 처음 만나게 되는 고통이라면 규정된 출퇴근 시간을 비롯해 자질구레한 사내 규칙과 잡다한 제도를 엄수해야 하는 일이다. "앞으로 수십 년을 하루같이 고리타분한 규칙 따위에 제어당하며 살아야 하다니. 이것은 인권에 대한 모독이다"라고 불만을 품고 그런 시대착오적 제약들을 완화해야 한다고 동료에게 호소하기도 하고 때로는 직접 상사에게 시정을 건의하기도 한다.

그런가 하면 앞에서처럼 적극적인 태도로 해결 방법을 모색하지 않고 그저 규칙을 적당히 무시한 채 지내며 규칙을 지키는 다른 동료를 속으로 은근히 경멸하는 삐뚤어진 직원도 있는데, 이들은 의식적으로 규칙에 따르는 것을 일종의 패배로 간주하는 경향이 있다. 하기야 조직의 규칙은 속성상 천편일률적이거나 구태의연한 내용이 많다. 공공의 질서를 지키고 유지한다는 명목 아래 인간을 거푸집 금형에 찍어내려는 듯한 억압적인 것도 제법 있다. 이런 불합리를 개혁하려는 젊은이의 존재는 그 자체로 바람직하다. 그러나 그들이 달가워하지 않는 규칙과 규정을 '모두' 철폐하고 나면 오히려 불안해하며 자신의 행동에 자신감을 잃고 허둥대는 상황에 처할 이들이 훨씬 많을 것이다. 이 같은 논리는 사내규칙의 준수나 집단 규범의 존중이라는 미덕 권장이 왜, 어떤 이유에서 생겨났는가를 알아보면 금방 이해할 수 있다.

규범을 지키는 이유 중 하나는 '사고思考의 절약' 또는 '에너지의 절약'이다. 즉, 규범에 동조하는 행동에는 그 밖의 행동을 취하는 것보다 마음의 에너지 소모가 적다. 규칙에 따르는 것이 규칙에 따르지 않고 자의로 행동하는 것보다 훨씬 심리적으로 부담이 적으며 그 결과도 그만큼 편하게 느껴지는 것이다. 에리히 프롬의 명저 《자유로부터의 도피》에서 밝혀진 바와 같이, 사실 자유는 인간에게 대단히 부담스러운 것이다. 《하나의 세계》를 펴낸 웬델 윌키의 말대로 "자유는 쪼갤 수 없는 단어"다. 그만큼 절대적 가치를 지닌다. 그 가치가 절대적이니 만큼 자유를 누리기 위해서는 대단한 각오와 책임이 따른다. 자신의 행동을 스스로 결정하고 책임져야 하는 부담감에 비한다면야 규범을 준수할 때의 귀찮음 같은 것은 문제도 되지 않는다.

많은 가능성 중에서 가장 바람직한 행동을 추구하며 끊임없이 선택을 이어가기란 대단히 어려운 일이기 때문에 인간은 누구나 평상시 마음의 에너지를 절약하기 위해 집단의 규칙에 안주한다. 자유를 추구한 끝에 그에 필요한 조건을 확보했다 하더라도 그 뒤의 감당해야 할 처신은 매우 부자유스럽기 때문에 다시금 규범 속에 파묻힌다. 규칙이 싫은 것도 아니고, 규칙에 얽매이는 것도 아니다. 단지 자유에 뒤따르는 부담감 때문에 편한 쪽을 택한 것뿐이다. 그런데 지각과 결근이 잦은 직원은 거의 대부분 사칙과 사훈을 경멸하면서 자기야말로 '직장 안의 자유인'인 듯이 과시하려 든다. 그러나 이런 인간도 막상 규칙이 사라지고 나면 마음의 자유를 얻기는커녕 심적 부담 때문에 되레 불안을 느낄 것이다. 이들이야말로 규칙 속에 안주하고 규칙에 얽매이는 것을 누구보다도 바라는 속박추구형의 인간이다.

게으름뱅이가 근면하게 변할 때를 주의하라

사회적으로 인정받을 수 없는 욕구나 감정을 가지게 되더라도, 그것을 말과 행동으로 나타내면 비난을 받는다. 그래서 인간은 무의식적으로 그 욕구를 억압하여 정반대의 행동을 취하는데, 이 방어적 심리 메커니즘을 프로이트는 '반동형성反動形成'이라고 불렀다. 아주 가난한 자가 허장성세로 뽐낸다든지, 섹스에 집착하는 자가 프리섹스를 절대 반대하며 도덕군자인 듯 구는 것이 대표적인 예다. 반동형성은 억압보다 한결 적극적인 방어기제로서 일종의 도피에 가까운 형태다. 주어진 일에 관심도 없는 직원이 그렇지만 외부의 비난이나 처벌이 두려운 상태를 견디다가 마침내 긴장이 정점에 달하게 되면 반대로 칭찬이 돌아올 만한 정반대의 행동, 즉 근면한 사원으로 탈바꿈하여 내부의 긴장을 해소하려 든다. 그러나 게으름을 피우고 싶은 욕구가 마음 밑바탕에 있기 때문에 그 행동이 당연하게도 어색할 수밖에 없으며, 이율배반의 행동 속에서 생기는 스트레스의 강도가 나날이 높아지게 마련이다.

회사의 접수부나 매장의 서비스 직원 가운데 손님을 잔뜩 기다리게 해놓고 한가하게 잡담을 하는 등 노골적으로 시간을 끄는 병적인 태업 유형이 있는가 하면, 하나의 돈다발을 몇 번이고 되풀이해 세어보는 강박 유형도 있다. 대개 회사에서 이런 유형의 인간은 '상동증常同症' 기질의 소유자라고 보면 된다. 무의미한 말과 동작을 반복하는 것이 상동증인데 증상으로는 장시간에 걸쳐 보기 드문 묘한 자세로 서 있는 상동자세와 뜻 모를 말을 강박적으로 되풀이하는 상동언어 등이 있다. 돈다발을 몇 번이고 되풀이해서 세어보는 직원의 예는 무의미한 행동을 되풀이하는 상동운동에 속한다. 이 같은 증상은 여러 정신질환에서 나타나는데 그중에서도 조현병 환자에게 많다. 이 병리학적 메커니즘이 무의식적 방어기제라고 확증하긴 어렵지만 일반적인 해석으로는 본질과 상관없이 단순한 운동이나 행위를 반복함으로써 긴장을 해소하고 일종의 정신적 안정감을 얻는다고 보고 있다.

인간이란 누구나 익숙해진 일을 되풀이하면서 안정된 심리 상태를 얻게 되고 낯설고 새로운 일에는 고통과 심리적 불안감이 뒤따른다. 따라서 많은 이들은 안정감이 주어지는 익숙한 일의 반복을 희망하고 그 속에 안주하기를 원한다. 그러나 이런 상태에서는 창의적 발전을 기대할 수가 없다. 위에서 지적한 상동증 유형은 "회사의 일에는 질質과 속도가 동시에 요구된다"는 사실을 인식하지 못한다. 반동형성과 상동증은 동일한 속성의 열등의식에서 비롯된 것이다. 이 열등의식이 깊어질수록 소속된 회사에서의 업무 기여도는 상대적으로 얼마 동안 정상적으로 흘러간다. 그러나 바로 그 시점이 회사 체제 정비의 시작점임을 명심해야 한다. 다시 말해 반동형성이나 상동증 유형의 출현은 해당 집단의 점검을 알리는 명확한 적신호인 것이다.

업무 스트레스를 받는다는 자각이 없어도 몸이 별안간 아프다면

어느 기업의 한 유능한 과장이 갑자기 손이 떨리고 굳어버려 마침내는 글씨조차 쓸 수 없게 되고 말았다. 또, 어느 중소기업의 차장은 어느 날 갑자기 귀가 들리지 않게 되더니 지금까지도 그 원인을 밝히지 못하고 병상에서 괴로워하고 있다. 직장생활 가운데 생겨난 이 같은 질병들은 정신적 원인으로 발병하는 심인성 질환으로 진단되고 있다. 과장의 경우 의학적으로 손의 신경에 아무런 이상이 없고, 차장의 경우에도 청력에는 아무런 문제가 없었다. 그런데도 글씨를 쓸 수가 없고 소리가 들리지 않는 것이다. 시쳇말로 미치고 환장할 일이다. 그렇다면 이 같은 증상을 우리는 어떻게 받아들이고 대처해야 할 것인가. 혹자들은 꾀병이라고 하기도 하고 심리학에서는 히스테리성 질환이라고 부르기도 한다. 이것을 가장 쉽게 이해하기 위한 예로서 전쟁신경증을 간단하게 들어보겠다.

제2차 세계대전 때의 일이다. 패색이 짙은 일본제국군이 미연합군의 거센 공격 앞에 안간힘을 쏟으며 방어하고 있었다. 그들은 정상적인 전투 방식으로는 미연합군의 반격을 당해낼 수가 없어서 적의 전차를 폭파하기 위한 특공결사대를 편성하기로 했다. 그런데 그 대원을 뽑는 과정에서 지명된 병사가 갑자기 수족이 마비되면서 뒤로 벌렁 자빠지는 일이 생겼다. 당시의 일본제국군이란 난폭하기 그지없는 집단이라 "이 개자식아! 꾀병이지?" 하면서 걷어차고 마구 구타했지만 그 병사는 일어나지 못했다. 마침내 담뱃불로 손발을 지지기까지 하는 등 갖은 방법을 다 써보았지만 그 병사는 수족마비가 풀리지 않아 결국 본국으로 송환되어 병원에 수용되었다. 그런데 8월 15일, 종전 소식이 전해지자 그 병사의 몸은 씻은 듯이 멀쩡해졌다. 이것은 전쟁이라는 거부할 수 없는 특수한 극한 상황에서 자신의 앞날을 반강제적으로 결정해야 하는 압박을 받을 때 일어나버린 발작으로, 일종의 도피적 심리 현상이다. 무의식적으로 이제 어떡해야 하나 두려운 나머지 없는 증상이 출현하고 발병하여 환자가 되는 것이다.

앞에서 소개한 두 직장인의 경우도 알고 보면 일을 하고 싶지 않다는 불만 때문에 생긴 증상으로 보아야 할 것이다. 직장 상사가 장기간 잔소리와 질책을 가할 때 부하직원은 구속감과 중압감에서 오는 욕구불만이 쌓이기 쉬운데, 이것을 참을 수 없을 만큼 한계치에 이르면 행동으로 나타내지 못하고 발작으로 표출되는 수가 있다. 출근 전에 갑자기 배가 아프다든지 머리가 아프다든지 하는 경우가 이 같은 맥락에서 오는 현상이다. 반면에 이런 증세를 보이더라도 일주일 정도의 출장 명령을 받으면 원기왕성하게 돌변하는 경우도 있는데 그 일주일이 지나면 다시 증상이 재발되어버린다.

내향적 직원일수록 폭발 가능성이 크다

부녀자를 폭행하는 등의 몹쓸 짓을 저지르는 범죄자 가운데는 의외로 음담패설에 얼굴을 붉히는 등 천진스럽게 보이는 이들도 있다. 우리는 이런 경우 흔히, '보기와 다르다'는 말로 평가하곤 한다. 따라서 "평소에 그토록 조용했던 분이……"라는 말이 정해진 듯 나오게 된 것도 무리가 아니다. 여대생을 유괴하여 살해한 범인을 검거하고 보니 평소에는 고지식하고 얌전했던 요리사였고, 부모를 금속배트로 때려죽인 범인이 평상시에는 이웃들에게 예의 바른 얌전한 청년이었다. 그런가 하면 만원의 출근길 지하철 속에서 치근덕거리는 상습적인 치한도 알고 보면 대기업의 엘리트 직장인인 경우가 의외로 많다. 또, 상점에서 물건을 사는 척하면서 슬쩍 훔치는 여성 가운데 부유한 가정의 부인이 많다는 통계도 이를 뒷받침한다. 경마장이나 경기장 같은 인파로 가득한 곳에서 폭동을 유발시키거나, 장내를 소란하게 만드는 데 촉매 역할을 하는 말썽꾼들의 대부분이 평소에는 말수도 적은 얌전한 유형이라는 사실도 우리를 놀라게 한다. 특정한 사건이 일어났을 때 의외의 인물이 사건의 주역으로 등장하는 경우를 우리는 흔히 보아왔다. 그렇다면 그 원인은 무엇인가?

그것은 평소 열등의식을 가지고 있던 심약한 인간이 집단의 일원이 되었을 때, 갑자기 자신이 강력한 힘을 가진 것처럼 착각하는 것이 그 원인 중의 하나이다. 즉, 쌓이고 쌓였던 욕구불만을 일시에 토로하는 기회를 그런 식으로 찾는 것이다. 직장 안에서도 평소에는 예의 바르고 얌전한 사원이 느닷없이 큰소리를 친다든지 격렬한 행동을 하는가 하면, 경우에 따라서는 상사를 두들겨 패고 사표를 내던지는 따위의 극난적인 행동을 하기도 한다.

인간이라면 말을 하게 마련이지만 너무 말이 없는 경우, 즉 지극히 내향적 인간에게는 욕구의 분출구가 없게 된다. 이와 같은 유형일수록 욕구불만의 에너지가 내부에 축적되어 그 한도가 일정 선에 도달하면 앞뒤 가릴 것 없이 폭발할 가능성이 크다. 그 에너지는 여러 형태로 처리된다. 그러나 가장 간단하면서도 유효한 수단은 뭐니 뭐니 해도 말로 토로해버리는 방법이다. 그러나 내향적 인간은 이것이 불가능하기 때문에 작은 문제에만 부딪쳐도 욕구불만의 뇌관에 불을 그어댄 것과 같은 상황이 되어버리는 것이다. 직장에서 평판이 좋고 성실하다고 믿었던 사원이 예상치 않은 사건을 일으켜 개인은 물론 회사까지 곤란을 겪게 하는 사례를 볼 때 인간의 욕구불만이 얼마나 무서운 것인가를 알 수 있다. 결국 이런 일들은 조직 속에서 억압당하는 직원이 일으키는 돌발적인 행동들이라고 할 수 있다. 이런 점을 볼 때 조직 내부의 불만 해소는 조직관리에 있어 무척이나 중요하다.

직장인에게 실질적으로
필요한 것은

회사, 자신, 가정이
별개의 것이면서 동시에
하나의 공동운명체임을 자각하는 일이다.

불평불만은 위에서 아래로, 안에서 밖으로 전가된다

'불평불만은 대야 돌리기'라는 말이 있다. 직장에서는 불만이 쌓이게 마련인데, 사장은 임원에게 고함지르는 것으로 이를 해소하고, 그러면 임원은 사장으로부터 질책 받은 울분을 부장에게 터뜨린다. 그리고 부장은 차장에게, 차장은 과장에게, 과장은 대리에게, 이런 식으로 불만이 위에서 밑으로 전가되어 간다. 급기야 맨 밑바닥인 평사원 A에게까지 오게 되면 그는 이 감정을 품은 채 집으로 돌아가서 사소한 일로 자기 배우자에게 분풀이하듯 쏟아놓는다. 그러면 배우자는 어느 순간 어린 자식들에게 대신 화풀이를 하게 되고, 어린 자식들은 애꿎은 애완견에게 발길질을 하는 과정으로 이어진다. 그렇다면 강아지는 마냥 참고만 있어야 하는가. 학대받던 강아지는 마침내 어느 날 퇴근하고 집으로 돌아온 평사원 A의 다리를 정통으로 물어버림으로써 화풀이의 악순환은 일정한 경로를 따라 돌게 된다.

실없는 이야기 같지만 실제 있을 법한 일이다. 그래서 불평불만의 대야 돌리기는 어느 시점에서 단절시켜야만 한다. 직장 안에서 쌓인 불만을 대야 돌리듯 대하다 보면 언젠가 폭발하지 않는다는 보장이 없다. 기업이 가장 경계해야 할 일이 바로 이것이다. 따라서 불평불만의 악순환을 사전에 예방하는 조치가 취해져야만 모범적인 조직 관리라 할 것이다.

미국의 한 경영학자는 모범적인 조직 관리자에 대해 정의하기를 "직장에서 생겨난 불평불만을 자기 내면에서 처리하고, 부하직원을 향해 발산하지 않는 인물"이라고 한 바 있다. 이런 까닭으로 유수한 기업은 직원 간의 불만을 적절히 소화해서 완충시키는 모범 관리자나 모범 직원을 배출하려 하지만 여기에도 문제는 있다. 즉, 관리자나 직원도 인간이기 때문에 감정적인 문제나 참기 어려운 문제가 하나둘이면 모를까, 계속 적체되다 보면 그도 참아 넘기기가 어렵게 된다. 결국 내부의 울분을 토해내기 위해 술과 유흥을 찾게 된다. 그렇다고 모두가 술과 유흥에 접근할 수 있는가 하면 그렇지도 못하다. 아주 작은 분출구도 확보하지 못한 직원은 자연히 본인의 가정 쪽으로 분출구를 돌릴 것이 뻔하다. 불평불만은 풍선과 같아서 한쪽을 누르면 한쪽이 부풀어 오른다. 이때 내압을 이겨내지 못하면 약한 곳이 '펑'하는 소리와 함께 터지면서 풍선 안의 에너지가 한꺼번에 밖으로 밀려나오게 된다. 흔히 모범적인 직장인과 모범적인 가장은 양립될 수 없다고 하지만, 이렇게 생각하면 다소 이해할 수 있다.

불만은 엉뚱한 곳에서 발산된다

직원들의 욕구불만을 해소시키기 위한 수단으로 다음과 같은 방법을
택한 회사가 있다. '자기 치료실'이라는 방에 사장 이하 부장, 과장 등의
사진을 걸어놓은 후, 그 아래 볏짚으로 인형을 만들어 세워두고 한쪽에는
목검, 야구방망이, 복싱 글러브, 샌드백 등 여러 가지 기구를 놓아두었다.
직원들은 이 방에 들어가 마음에 드는 도구로 볏짚 인형을 가격하거나
발로 차는 등 마음대로 스트레스를 푼다. 그렇게 함으로써 상사에게 들은
질책에 대한 분노를 씻어내는 것이다. 이것은 불만을 해소하는 데 아주
적극적인 방법이다. 인간의 불만은 풍선과 같아서 어느 한쪽에 압력이
가해지면 다른 한쪽의 내압이 부풀어오르다가 일시에 폭발시키고 나면
압력이 떨어지게 마련이다. 결국 상사의 사진 아래 놓인 볏짚 인형을
가격함으로써 마음속 응어리를 풀게 하자는 것이 자기 치료실 설치의
중요 목적이다. 불만의 에너지 역시 자연계 에너지같이 불멸의 원리에
지배된다. 즉, 전기에너지가 열로 바뀌는 것같이 형태는 바뀌어도
총량에는 변화가 없다. 따라서 어딘가에서 에너지를 발산시키면 다른
한쪽의 불만이 감소되게 마련이다.

　　불만의 해소책은 다음과 같은 방법으로 연구되고 있다.
　　첫 번째는 신체운동에 의한 에너지의 발산이다. 두 번째는
언어운동에 의한 에너지의 발산이다. 이를 테면 불만을 직접 말하게 해서
해소책을 찾는 방법이다. 세 번째는 심리운동에 의한 에너지의 발산이다.

이것은 아주 재미있는 형태로 나타난다. 돈을 흥청망청 쓴다든지, 음식을 포식한다든지, 토론 등을 통해 불만 에너지를 발산시키는 것 등이다. 남편에 대해 불만을 가진 아내가 어느 날 갑자기 저금통장에서 돈을 몽땅 찾아서 기세 좋게 써버리는 경우가 바로 이러한 예다. 회사 내에서도 수입에 비해 지나치게 낭비를 일삼는다든가 음식을 자신이 좋아하고 맛있는 것으로만 먹어치우는 소위 대식가들을 볼 수 있다. 또 주위에서 놀랄 정도로 활동하는 활동가도 가끔 눈에 띈다. 이런 부류는 대개가 어떤 방법으로든지 발산하지 않으면 안 될 정도의 욕구불만을 가진 이들일 가능성이 높다.

동료들에게 정도 이상으로 한 턱 내는 것을 즐긴다든지, 선심 공세가 빈번한 직원도 결국 자기가 마음먹은 바를 성취하기 위한 행동이라고 보아도 무방할 것이다. 이 같은 행위를 하는 이가 반드시 통이 크다든지, 선천적으로 활달한 기질의 소유자라는 뜻은 결코 아니다. 그것은 걷잡을 수 없는 욕구불만을 낭비함으로써 통이 커보이게 하려거나 엉뚱한 일을 저질러 남들과 차별화함으로써 나는 강하다는 것을 보여주기 위한 반응일 가능성이 더 높다.

2. _____

무능과 권력에 관하여

한 직장, 한 직종에서
10년 이상 매일 같은 일을 하다 보면
사고의 수로 역시
점점 깊이 파질 수밖에 없다.

무능할수록 회사와 가정의 구분이 흐리다

퇴근 시간이 다 되었는데도 좀처럼 일에서 손을 떼지 않고 있다가
마지못해 일어나 일거리를 집으로 가져가는 직원이 있다. 그런 이는
집으로 돌아가는 길에 친구라도 만나면 "오늘도 집에 가서 일해. 이러는
것도 이제는 지긋지긋해"라고 하고, 집에 도착하면 "오늘도 일을
챙겨왔어. 바빠서 못 살겠네" 하고 배우자에게 꽤나 격무에 시달리는 듯이
떠벌린다. 이 말을 들은 배우자나 친구는 "회사가 개인의 자유시간까지
빼앗아가면서 혹사시키는 구나"라고 생각하는 게 당연할 것이다. 분명
어떤 회사는 집에 가서까지 일을 하게끔 직원을 혹사시키기도 할 것이다.
그러나 직장인의 모든 초과노동이 반드시 회사만의 책임은 아니다.
당사자가 그것을 핑계 삼아 스스로 장시간 노동을 업무적 해결책으로
삼는 것은 아닌지 생각해봐야 한다.

심리를 파악하기 위한 도구 중 하나로 '가나다라' 테스트라는
것이 있다. 이 테스트는 모 과학연구소에서 개발한 것인데, 테스트
용지에는 가나다라 문자가 무수히 많이 아무렇게나 쓰여 있다. 시험자는
이 중에서 가, 나, 다, 라 4개 문자만을 골라서 사선으로 지워나간다.
이 작업을 몇 번이고 반복해서 시킨 뒤에, 다음에는 반대로 네 글자만을
남기게 하고 나머지 글자들을 지우게 한다. 그때 시험자 중에는 최초와
같이 가, 나, 다, 라 글자를 지우고 마는 이가 있다. 이 현상은 머리

회전의 유연성이 없는, 무척이나 어리석은 자에게서 나타나며 이는 사태 변화에 적응하지 못하는 경향이 원인이 된 현상이다. 머리 회전이 빠르지 못해 사태 변화에 적응이 느리고 훈련이 덜 된 인간일수록 같은 행동을 계속하려는 경향이 있음을 이 테스트는 입증하고 있다. 무사안일형 인간일수록 똑같은 일을 똑같은 환경에서 계속하려 한다는 것이다.

일거리를 집에 가지고 가는 행동은 일하는 시간과 가정의 시간을 확실히 구분 짓지 못하는 마음가짐에서 일어난다. 일을 하고 있을 때의 태도를 신속히 전환하고 가정으로 돌아갈 수 없어 생기는 현상인데 이러한 인간은 가정에서 회사로 소속 공간이 바뀌어도 마찬가지로 가정 문제를 잊어버리지 못하고 회사 일과 뒤범벅으로 만들어놓을 확률이 높다. 속담에 "밖에서 묻은 먼지는 밖에서 털어버려라"는 말이 있다. 즉 밖에서 할 일을 가정으로 끌어들이는 것도 문제가 되지만, 직장에서 속상한 기분을 가정에까지 끌고 들어와 집안 식구에게 화풀이하는 것은 더욱 바람직스럽지 못하다. 공자는 일찍이 '불천노不遷怒'라고 했다. 자기의 노여움을 남에게 옮기지 말라는 말이다. 일거리를 집으로까지 들고 돌아가는 상사 중에는 공연스레 애꿎은 부하직원을 나무라는 경우도 있는데, 이때 부하직원끼리는 다음과 같이 소곤댈 것이 분명하다. "보나마나 어젯밤에 부부싸움을 했을 거야"라고.

매너리즘에 빠진 조직이라면 더는 가망이 없다

가스 중독 사고로 사망한 이의 방에 들어가본 적이 있다. 내가 아닌 어느 누구였더라도 그 강렬한 가스 냄새에 놀라고, 죽은 이는 왜 이 지독한 냄새를 알아차리지 못한 채 죽음에 이르렀나 의아해했을 것이다. 이것은 인간의 감각적 순응성 탓인데, 자기도 모르는 사이에 조금씩 환경 변화에 순응해버리는 습성을 뜻한다. 그러다가 마침내는 변화 이전과 변화 이후의 차이에 전혀 개의치 않게 된다.

이와 같은 현상은 직장에서도 자주 일어나고 있다. 기업의 공장을 방문했을 때 공장의 레이아웃 업무에 해당되는 작업장의 배치가 엉망인 곳을 가끔 본다. 이래 가지고서야 동선 효율이 나올까 싶은데도 막상 그곳 직원들은 그런 것을 전혀 의식하지 못한다. 어제와 같이 오늘도 무사히 지내면 그만일 뿐 내일이 어떠해야 할지 같은 것은 염두에 두지 않기 때문이다. 일에서도 일정한 리듬을 가지고 별 탈 없이 진행되면 이보다 더 나은 방법, 새로운 방법에 대해서는 고민하려 하지 않는다. 이것이야말로 인간의 사고력과 판단력을 경직화시키고 고정화시켜 끝내는 매너리즘에 빠지게 하는 최대의 원인이다. 기업은 항상 근로자의 모럴, 즉 진지한 삶의 태도를 자극하려 하지만 그 속에서 일하는 인간이 고착되면 기대만큼의 효과는 안 나온다. 그러면 독창적인 아이디어가 생겨나기는커녕 일터 자체가 공허한 곳으로 변해버린다. A라는 잉크

회사를 예로 들어보자면, 이 회사는 사시사철 굵은 매직잉크가 잘 팔려 희희낙락했으나 오래 가지 않아 부도를 맞게 되었다. 소비자의 다양한 욕구를 잊어버리고 매사 안일주의로 일관하며 변화를 준비하지 못했고, 다른 경쟁회사가 아주 선이 가는 매직을 개발 생산하는 바람에 시장경쟁에서 지고 말았던 것이다. 이것도 조직의 사고력이 경직되고 매너리즘에 빠진 데서 생긴 실패의 한 예다.

어느 직장에서 동료 사원의 헤어스타일이 조금 달라진 것을 보고 호들갑스럽게 칭찬세례를 퍼붓던 직원이 있었다. 누군가는 이런 자를 가리켜 경박한 성품이라며 혹평할 수 있겠지만, 적어도 그가 환경의 변화에 민감한 것만은 확실하다. 똑같이 느꼈더라도 입 밖에 내느냐 내지 않느냐는 각자의 성격에 따라 다르겠지만, 동료의 새로운 넥타이나 달라진 머리 모양조차도 아무런 감흥이 없는 직원에게서 독창적인 아이디어가 창출되리라고는 기대하기 어렵다. 인간이 같은 환경 속에 자극 없이 오래 있다 보면 그 환경에 녹아들어 낡은 것을 새로운 것이라 착각하고, 정말 새로운 것은 아예 경원하는 무감각에 빠지게 된다. 사소하게는 사무실의 책상이나 소파 등의 자리배치를 가끔 바꾸어놓거나 책상 위 집기의 위치를 옮기는 것만으로도 직장 내의 분위기가 새로워질 수 있다. 급진적 진보나 개혁의 수준까지 몰고 갈 필요는 없더라도 전통 보수에서 진보적 보수로 탈바꿈하는 것은 나쁜 일이 아니다. 인간이란 어차피 어제의 나에서 오늘의 나로 변하는 것인데 연중 고립무원의 냄새나는 시궁창처럼 매너리즘에 빠져 살 수는 없지 않은가.

형식에 집착하면 목표를 놓친다

지금 어떤 학자가 물질의 구조를 밝히기 위해 물체를 확대해 보고
싶다는 욕구를 가졌다고 가정하자. 이 학자는 물체를 확대해 보고픈
생각에 현미경을 만들기로 하고 그 연구에 몰두한다. 그러는 사이에
현미경이란 렌즈와 프리즘의 좋고 나쁨에 따라 정밀도가 결정된다는 것을
발견해내고, 이번에는 그 연구에 열중한다. 이렇게 연구하고 있는 사이에
늙게 되어 결국 그는 어느 한 가지의 연구도 끝내지 못한 채 일생을
마치게 되고 만다. 이상은 어디까지나 가상적인 이야기이긴 하지만
사실상 그럴 수도 있는 일이다. 메뚜기 연구에 몰두해 있던 생태학자가
어느 날 갑자기 메뚜기 다리의 제1관절에 흥미를 갖게 되어 그것만
연구하다 생애를 마쳤다는 일화도 있다. 실제로 이런 경험을 겪는 학자가
적지 않다. 하나의 일에 집착한 나머지 연구의 본질을 잊어버리고 다른
배를 타고 마는 경우다.

　　로켓을 발명한 일본 도쿄대학 생산공학연구소는 17개월 동안 한
발의 로켓도 쏘아올리지 못했다. 주민들이 발사 지점에 대해 반대운동을
펴자, 이 연구소의 전 연구원이 그 설득 공작에 매달려 있다 보니 이렇게
되고 만 것이다. 이때 이들을 설득하기보다 발사 지점 장소를 다른
곳으로 옮겼다면 상황이 어떻게 변했을지 모를 일이다. 과정의 작은 일에
집착하다가 전체를 그르친 사례이다. 기업에 있어서도 이와 같은 일이
수없이 되풀이되고 있다. 자기 일에만 열중한 나머지 자기가 하고 있는

일이 기업 전체의 어느 위치에 존재하고 있는지를 잊어버려, 결국은
총체적 성과에 배반하는 결과가 되고 마는 경우가 그것이다.

그런가 하면 직장이나 조직 속에는 기계가 아닌가 싶을 정도로
빈틈없이 일하는 직원도 있다. 예를 들어, 정시에 출퇴근을 하는 것은
말할 것도 없고 도표를 만든다든지 통계분석 등 정밀을 요하는 일에 아주
능한 직원이 있다. 그런데 이런 유형의 인간은 한번 화가 나면 억제하지
못하여 갑자기 창문에서 뛰어내리는 등 극단적인 행동을 서슴지 않는다.
본인은 자신의 행위가 정당하다고 믿고 있기 때문에 주위의 충고 같은
것에는 귀 기울여 들으려 하지 않는다. 이들은 상사로부터 받은 명령은
아주 잘해내기에 직장이나 조직에서 중용되는 경우가 많다. 어쨌든 이런
상태에서는 원만한 인간관계를 유지해나가기가 어렵다.

그들은 형식을 중시하고 타인이 그런 형식을 지키지 않을 경우
역정을 내는 그야말로 형식주의자들이다. 이런 유형에서 공통적으로
찾아볼 수 있는 특징은 창의성이 부족하다는 것이다. 본래 천성이란
여간해서는 후천적으로 고치기가 어렵다. 형식주의자가 조직에 있으면
팀워크를 둘러싸고 크고 작은 잡음들이 생기게 마련이다. 그렇지만
그들의 인간 됨됨을 충분히 알고 대응하면 오히려 편한 점도 있다.
왜냐하면 그들은 형식을 지킨다면 다른 것은 알지도 못하고 알려고도
하지 않기 때문이다.

실패자는 자신이 원해서 실패자가 된다

회사에는 "어차피 나는 여기서 소외된 사람이다"라든지 "나같이 무능한 녀석은 평범한 월급쟁이로 끝나는 거야"라며 자학한 나머지 퇴근 후 취미생활이나 휴일의 집안일에 열중하는 것만으로 대리만족을 느끼는 직원도 있다. 취미생활이나 가정에서 사는 보람을 느끼는 것이 나쁜 일은 결코 아니지만, 그들이라고 해서 애초부터 아무런 성공의 꿈이나 포부 없이 입사했던 것은 아닐 것이다. 어떤 기회에 한두 번 실패한 것으로 받은 쇼크로 인해 두 번 다시 재기할 수 없다고 자기 스스로를 단정하고 마는데 이는 참으로 어리석다.

실패자는 자신이 원해서 실패자가 된다는 말이 있다. 일을 시작하기도 전에 이미 실패할 거라고 예상하고 있었기 때문에 실패로 끝나는 경우가 아주 많다. 그들은 실패에 지나친 공포심을 가진 나머지 자기 자신을 무능한 인간으로 평가절하해버린다. 그렇게 함으로써 지금의 일이 나중에 실패했다 하더라도 충격을 적게 받을 수 있기를 무의식중에 기대하기 때문이다. 이 같은 자기방어의 심리가 일의 결과를 더 큰 실패로 이끌고 만다. 실제로 실패를 겪으면 자기 평가는 한층 가혹해져서 스스로를 아주 쓸모없는 존재로 격하시키고, 실패의 예상 그리고 실패의 악순환 속에서 헤어나지 못한 채 결국 자기 자신을 완전무결한 패배자로 낙인찍어버리는 것이다.

이 같은 실패의 구조를 미국 예일대학교의 사회심리학자 G. 마크레와 D. 메티가 대학생을 대상으로 한 실험을 통해서 확인해냈다. 그는 우선 72명의 학생에게 자기 평가를 시켜놓고, 평가의 정도에 따라 몇 개의 그룹으로 나누었다. 전원에게 부여된 일은 모두가 같은 것이지만 각 그룹의 절반에는 "성공은 당신의 행동에 의해 결정된다"라고 일러주고, 나머지 절반에게는 "성공은 운에 따른다"라고 서로 다른 암시를 주었다. 일을 하는 도중에 실험자는 "여러분의 일은 대단히 훌륭하게 진행되고 있군요"라고 일부러 칭찬을 해주었다. 이 칭찬은 나중에 성공을 적극적으로 받아들였는지, 소극적으로 받아들였는지를 측정하기 위한 것이었다. 결과는 두 학자의 예상대로였다. 자기 평가를 높게 한 그룹은 나를 막론하고 상당한 성적을 올렸다. 또 자기 평가를 확실하게 하지 않았던 그룹은 보통 성적만을 올렸다. 그러나 애초부터 확신을 가지지 않고 자기 평가를 낮게 했던 그룹은 처음 단계에서는 잘 버티었지만 "잘 진행되고 있군요"라는 칭찬을 듣는 순간 성적이 뚝 떨어지고 말았다. 그리고 두 번째 그룹이 전체 그룹 중에서 가장 잠재력이 큰 것으로 입증됐다. 두 심리학자는 그 결과에 대해서 "성공하지 못하는 이는 자기 자신을 낮게 평가하고 성공할 수 없다는 생각으로 마음의 문을 닫고 도리어 자신이 실패하는 것이 당연하다고 단정하는 데 있다"고 결론지었다.

실패와 성공은 어디까지나 결과론이지만, 결과를 보기도 전에 성공은 불가능하다고 단정해서는 안 된다. 그러나 개개인에 따라서 거듭되는 실수를 질책이나 경고가 아닌 위로만 해줄 때 영영 성공과 멀어지는 수도 있으니 정상참작에 유념해야 한다.

별것 아닌 인간이 권위에 의존한다

무능한 직원은 자신의 무능함을 수치스럽게 생각한 나머지 행동이
둔화되어 주위로부터 고립되고, 마침내는 노이로제에 빠져 방황하게
된다. 드물게는 노력으로 극복해보려고 애쓰는 이들이 있지만 이것도
여의치 않다. 그런가 하면 유능하게 보이려고 교묘히 위장하는 소위
'척병환자'도 있다. 그들은 남들보다 굉장히 분주한 듯이 행동하는 경우가
많다. 책상 위에 서류를 잔뜩 쌓아놓고 서류 속에 푹 파묻혀 사는 것처럼
위장하는 경우도 있고, 와이셔츠 소매를 걷어붙이고 이리 뛰고 저리
뛰면서 부산을 떨기도 한다. 그런가 하면 일이 바쁘다는 핑계로 정작
자기가 해야 할 일을 동료에게 떠맡기는 재주도 능하다. 그들은 자기가
맡고 있는 고유의 임무 외의 일에 열을 올리면서 그 방면에 실력을
키운다. 이를테면 골프라든지 마작 등의 오락도 범주에 속한다.

    한 가지 재주만 겨우 있는 자는 불가사의하게도 전혀 관계가 없는
분야의 일까지도 유능하게 보이려고 한다. 또 이런 부류는 다재다능하고
유능한 주변인과 친해지려고 애쓰게 마련이다. 스스로도 무능하면서 정작
무능한 타인에게는 눈길을 주지 않는다. 유능한 이와 가까이 지내면 자기
자신도 유능한 인간으로 보이게 하는 이미지 연출에 유효하기 때문이다.
그들은 하나같이 최고, 일류를 맹신한다. 액세서리 하나부터 입는 옷,
쇼핑이나 외식 등도 모두 최고급만을 선택한다. 이것도 자기 자신을 일류
인간으로 부각시키려는 심리 작전의 하나이다. 이렇게 해서 만들어진

이미지는 아주 유능하고 세련된 듯이 보이는 착각을 갖게 한다. 시초가
어려울 뿐 부각된 이미지가 일단 정착되면 그다음부터는 힘을 들이지
않아도 일류 행세를 하는데 부자연스럽지 않다는 것을 그는 누구보다도
잘 안다. 아무리 치밀하게 조직화된 사회일지라도 허점은 있게 마련이라
그들은 그러한 허점을 최대한 이용하는 귀재인 셈이다.

　　단체 등산을 할 때면 가장 걸음이 늦은 이를 기준으로 전체의
속도를 맞춘다. 집단의 낙오자를 만들지 않기 위한 수단이다. 집단은 항상
무능하고 뒤처지는 멤버를 집단 속에 용해시키는 특성이 있다. 기업을
예로 들자면 기간 한정의 업무가 많으므로 아무래도 누군가는 무능한
인간이 만들어 놓은 함정에 빠지게 마련이다. 이때의 함정은 등산을 할
때의 보호적이고 상부상조적인 의미와는 전혀 다르다. 한 번 빠지면
헤어나지 못하는 특성이 있어 나락으로 떨어지지 않으려면 심리를 읽어야
한다. 직장생활의 세계를 심리전쟁이라고들 말한다. 이 심리전쟁에서
살아남으려면 어떻게 해야 하겠는가. 그것은 바로 상대의 본심을
꿰뚫어보는 독심술을 익혀두는 방법밖에 없다.

자기 분수를 모르는 자일수록
자신에게 부여된 지위를
자기 힘으로 확보한 것으로 착각한다.

무능한 관리자의 근성

뜻이 맞는 친구들이 자연스럽게 모이는 것을 일컬어 '무리는 친구를 부른다'라거나 '유유상종으로 모인다'라는 말로 비유하곤 한다. 다시 말하면 동류끼리 모이는 것은 동물의 본능이면서 물리적 자연현상이다. 그런데 직장에는 끼리끼리의 교제 외에 부하나 상사와 멋대로 가까이 함으로써 주위로부터 '깨소금 절구' 같다는 핀잔을 듣는 친구들이 더러 있다. 이럴 때 부하의 입장은 이렇다 할 부담 없이 친밀감을 갖게 되지만 상사 쪽은 반드시 그렇지 않을 경우가 있다. 예를 들어, 그다지 능력이 없는 상사는 그 많은 부하직원 가운데서 자기보다 유능한 사원이 접근해오는 것을 좋아하지 않는다. 다시 말하면 자기를 위협하는 존재를 배격하고, 그 대신 자기보다 못한 부하직원을 측근에 두고 싶어 한다. 이런 유형의 상사들은 부하가 기발한 아이디어를 내놓는다든지, 예상치 못했던 문제를 제기하면 자기방어라는 동물적 심리에 따라 얼굴빛이 달라진다.

원래 인간은 심리적인 방어수단으로 자아에 위협을 가하는 자를 배제하게 마련이다. 따라서 이 같은 관리직의 근성을 통틀어서 나쁘다고 말하기는 어렵지만, 어쨌든 피해를 입거나 피해를 입을 가능성이 있는 쪽은 부하들이다. 이런 심리적인 메커니즘이 위에서 아래로 흘러내리기 쉽다는 데 문제가 있다. 대학에서는 매년 교수 심사가 있는데 이렇다 할 연구 실적이 없으면서 연공서열에 따라 교수가 된 이는 자신의 순위가

하락되는 것이 두려운 나머지 심사기준을 보다 엄격하게 해야 한다고
주장하는 경우가 있다.

　　　　인간이란 어느 정도의 지위나 입장을 획득하게 되면 무의식중에
보호태세를 갖추면서 타인에 대해서는 공격적인 자세를 취하게
된다. 러시아워 때 버스나 지하철은 초만원이게 마련이다. 타기는
타야겠는데 들어설 틈은 없고, 그렇다고 포기할 수도 없다. 결국엔
"조금만 들어가주세요" 하면서 밀고 들어가는 것이 보통이다. 숨통이
막힐 지경이지만 탄 것이 그래도 다행스럽다. 그다음 정류장에 버스나
지하철이 멈추었다. 출입문이 열리면서 또 다른 승객이 밀어닥친다.
하지만 조금 전 자신이 앞 정거장에서 겪은 체험은 까맣게 잊고 "자아,
조금씩만 들어가줍시다"라는 말을 못 들은 척 외면해버릴 것이 분명하다.
이 사실에 대해서 스스로는 부정할지 모르지만 정도의 차이는 있어도
누구에게나 그런 생각이 내재하고 있다. 인간은 이기적인 동물이다.
무능한 상사일수록 무능한 부하를 좋아하고, 자기 분수를 모르는
자일수록 자신에게 부여된 지위를 자기 힘으로 확보한 것으로 착각한다.

히스테리 성격자의 특징

당신의 직장에는 이런 유형의 인간이 없는가? 없다면 혹시 당신이 거기에
해당되는 이는 아닐까?

화려하면서 해맑은 인상을 주고, 옷도 언제나 화려하게 입기를
좋아하면서 젊어 보이려고 애쓴다. 장신구 하나하나에도 신경을 쓴다.
별나게 과장된 제스처를 자주 취하며 사교적이다. 재주가 좋고 말을
잘하며 의도적으로 세련된 태도를 취한다.

주위가 온화하고 아무 일도 일어나지 않으면 기분 좋아하다가,
뭔가 잘못된 일이 생긴다든지 자기 마음대로 안 되면 노골적으로 불쾌한
표정을 짓는다. 명예심이 남달리 강하고 허영심이 많으며, 자기에게 좋은
역할이 돌아오지 않고 조금이라도 들러리 역할이 맡겨지면 어린아이처럼
불평을 일삼는 이기주의적인 면이 있다. 남의 이야기를 잘 옮기고
남의 일에 참견하기 좋아하면서, 사실보다는 부풀려서 말을 퍼뜨리는
침소봉대형의 수다쟁이.

누구한테도 지기 싫어하고 제멋대로 놀기를 좋아한다. 모든
사고와 행동의 기준이 자기 본위이면서, 유리할 때는 너그럽지만 불리할
때는 냉혹해진다. 언제나 유명인사를 들먹이고 그와 면식이 있는 것처럼
말하거나, 일면식이 겨우 있으면서 그와 십년지기나 된 깊은 관계인
것처럼 언급한다. 둘이나 셋밖에 없는 자신의 실력을 다섯이나 열쯤 있는
것처럼 과장해서 포장한다.

어딘가 엉큼한 구석이 있으면서 상사를 교묘하게 골탕 먹인다. 조금만 칭찬해주거나 치켜세우면 금방 우쭐해한다. 거의 습관적으로 자기 편할 대로만 하려 하고 또 실제로 그렇게 한다.

지금까지 누군가의 험담만 늘어놓은 것처럼 보였겠지만 사실은 이런 것들이 히스테리 성격자의 특징이다.

위에서 열거한 히스테리 성격자의 특징은 유아기의 예의범절 교육과 관련이 있으며 욕구불만에 대한 내성이 낮은 데서 생긴 하나의 병적인 현상이다. 따라서 좋지 않은 이야기를 들으면 가슴이 답답해지고 재미없는 회의가 오래 계속되면 두통 증상을 느끼며 끝내는 안색이 파랗게 질려버리고 만다. 거기에 자기를 실제 이상으로 돋보이게 하려는 욕구가 강하다 보니 거짓말까지도 서슴지 않는다. 명문가의 출신인 것처럼 가문을 속인다든지, 일류대학을 나온 듯이 거짓 행위를 하다가 들통이 났을 때 부끄러운 줄 모르는 것도 이들이 지니는 특성이다. 이와 같은 성격의 직원은 또한 자기가 무시를 받고 재능이 없는 것까지도 모두 상사가 무능하고 공평하지 못한 탓으로 돌리고 불평을 늘어놓는다. 이 같은 속사정에 그럴듯한 제스처를 가미해서 떠벌려대면 내막을 모르는 주위에서는 액면 그대로 받아들이게 마련인데, 사실은 그것이 통했다고 믿는 본인에게 더 큰 문제가 있다. 태양을 손바닥으로 가릴 수 있는 것은 자기 눈밖에 없다는 것을 모르니 답답할 뿐이다.

고인 물이 된 부서라면 인력 재배치가 최선이다

《독신 여행교육》이라는 책을 보면 저자는 자신의 아이들을 방임 상태로 길렀고 그 이유는 부모가 잔소리를 하고 간섭하면 아이의 자립심이 없어진다고 믿었기 때문이라고 밝힌다. 그는 아이들 스스로 공부하고 연구해서 해결하게 하려는 의도에서 '혼자 여행'을 하게 했다. 가까운 우체국을 두고도 멀고 복잡한 도쿄역까지 가서 전보를 치게 했는데, 이때 어느 길로 어떻게 가야 한다고 일러주거나 전보를 치는 방법 등은 전혀 가르쳐주지 않는다. 모든 것을 스스로가 알아내어 하라는 것이다. 거기에 놀라운 것은 갈 때의 길과 돌아올 때의 길이 같아서는 안 된다는 단서를 붙였다고 한다. 갈 때와 돌아올 때 같은 길을 오고 가면 눈에 보이는 경치나 체험이 동일하니 결국은 하나를 보고 체험하는 것에 지나지 않는 결과가 되기 때문이다. 갈 때와 돌아올 때 다른 길을 걷게 되면 전혀 생소한 두 가지 경치를 익히게 될 것이고, 전혀 다른 체험도 하게 될 것이므로 일거양득이 된다는 것이 그의 주장이다.

그의 흥미로운 아이디어는 직장이나 조직에서도 이와 비슷한 일에 적용이 가능하다. 인사이동이나 다른 부서로의 배치를 극단적으로 싫어하는 직원에게 이 방법을 적용했다는 것이다. 왜냐하면 인사이동이야말로 자기 생활에 변화를 주고 전환의 계기를 갖게 하는 절호의 찬스이기 때문이다. 물론 일의 내용이 달라지고, 특히 근무지가 바뀌는 데 따르는 불편이나 어려움도 있겠지만, 기업의 경영인으로서는 일체의 마이너스 요인을 받아들일 각오로 인사이동을 단행할 필요가 있다. 이것은 기업의 장래는 물론이고 개인의 미래를 위해서도 시도해볼 만한 일이다.

인간은 같은 일, 같은 사고를 반복하고 있으면 사고력의 궤도가 고정되어 마침내는 하나밖에 모르는 외곬 인간형이 되고 만다. 즉, 물이 한 곳으로만 흘러내리면 땅이 파이고 고정된 물길이 생기는 것처럼 언제나 똑같은 생각밖에는 할 수 없게 된다. 한 직장, 한 직종에서 10년 이상 매일 같은 일을 하다 보면 사고의 수로 역시 점점 깊이 파질 수밖에 없다. 최근에 어떤 유통회사에서 회사와 노동조합이 전근에 관한 협정을 맺어 화제가 된 일이 있다. 요지는 사원에게 전근 거부권을 부여하는 대신에 승진, 승급에 차등제를 둔다는 것이었는데, 그 뒤로 거부권을 행사한 사원은 극히 소수에 지나지 않고 모두가 전근 명령에 승복했다는 사실이다. 이로 미루어볼 때 현대의 직장인은 의외로 유연한 사고의 생물이다.

중간 관리자라면 누구나 양극성을 드러내게 된다

옛부터 상급자의 '부하 골리기'가 군대의 특성처럼 존재했다. 비단 군대에만 그치지 않고 상하관계가 성립되는 조직세계에는 으레 있는 일이다. 당연히 부하는 일할 기분이 나지 않는다. 이 글에서는 상사나 부하에 대한 심리를 분석하여 상사나 부하의 본심을 읽어내는 조언을 하려 한다. 이 글을 읽고 나면 '상사도 그리 강한 존재만은 아니구나' 하는 생각이 들어서 불안을 가라앉힐 수 있을 것이다.

우선 스탠포드 대학의 심리학 교수인 짐바르도의 유명한 감옥 실험부터 소개하기로 한다. 미리 양해를 구해두었던 학생들을 대학 지하실의 준비된 감옥에 수감했다. 그리고 그들을 관리하도록 명령받은 간수역의 학생들을 투입했다. 이 실험의 취지는 교도관 역의 학생이 수형자 역을 맡은 학생에게 어떤 태도를 취하는가를 조사하기 위한 것이었는데 실로 놀랄 만한 사태가 발생했다. 교도관 역의 학생들이 차차 사디즘적인 변태 경향을 나타내면서 수형자들을 아침 일찍 일어나게 해서 점호를 취하는가 하면, 점호할 때 꿇어앉게 한다든지 몽둥이로 때린다든지 하는 난폭한 행동을 서슴지 않았다. 결국 이 실험은 인권유린의 우려가 있다 하여 중지할 수밖에 없었지만, 이 실험은 인간이 우위에 서게 되면 약자에 대하여 변태적 공격을 가하는 묘한 성격을 가지고 있다는 사실을 밝혀냈다.

사회학자 에리히 프롬은 이 같은 권위주의적인 인격은 유력과 무력이라는 양극성 성격에서 나타나는 것이라고 말했는데, 권력에 대해서는 복종적이다가도 무력한 자에게는 공격적으로 나오는 것은 무력감이나 불안감을 극복하기 위해서라는 것이다. 프롬은 이와 같은 양극성을 변형된 피학대 음란증이라고 불렀다. 중간 관리자라면 누구에게나 정도의 차이가 있을 뿐 양극성을 잠재적으로 가지고 있다고 보아야 할 것이다. 부하로부터 가장 미움 받는 상사는 윗사람에게는 약하고 아랫사람에게는 강한, 호랑이 위세를 빌린 여우형이다. 그런데 이 유형의 상사들은 십중팔구 변형된 매저키즘적 기질이 있어서 부하로 하여금 일의 흥미를 잃게 만든다. 반면 위쪽에도 약하고, 아래쪽에도 약한 중간 관리자는 퇴근 후 가정에서 다른 가족을 괴롭히는 폭군으로 변하는 경우가 많다. 이들은 자기의 무력감이나 불안감을 이런 방식으로 해소하는 것이다.

알고 보면 그토록 두려웠던 상사라는 대상도 나만큼이나 보통의 인간이고, 어떤 면에서는 상급자인 그들이 하급자인 나보다 심리적으로나 육체적으로 더 불안정하다.

격식이 있는 관계에서
격식이 없는 관계로 전환하는 과정에는
무슨 까닭이 있게 마련이기 때문이다.

문제는
그 까닭이 무엇인가라는 것이다.

정보는 신선도가 생명이다

아마추어 마술협회가 있다. 이 클럽은 한정회원제로 운영되고 있다.
그것은 회원 각자가 고안해낸 마술의 비밀을 유지하기 위해서이다.
마술의 재미는 타인이 그 비밀을 모른다는 우월감에 있다. 본래
인간은 우월감을 갖고 싶어 하기 때문에 되도록 많은 정보를 독점하여
타인에게는 알려주지 않으려는 심리가 있다. 이 마술협회 또한 기술 혹은
정보의 독점에서 그 쾌감을 찾고 있는 것이다.

남은 모르는 것, 남이 지독히 알고 싶어 하는 것을 혼자서만 알고
있다는 것은 기분 나쁜 일이 아니다. 그것은 기술뿐 아니라 물건의 경우도
비슷하다. 이를테면 희귀한 골동품이나 고서화 같은 것을 갖는 재미,
좋은 물건을 싸게 사는 곳이나 사는 방법 등을 혼자만 알고 있는 것도
이런 심리에 속한다. 마술과 같이 정보마술의 기법을 알고 있든 모르고
있든 그저 웃고 즐길 수 있는 경우라면 별 문제가 없지만, 기업 조직의
상하관계처럼 현실적인 이익이 그 속에 내재되어 있을 때는 웃어넘길
일이 못 된다. 악의를 가지고 부하를 골리는 경우와는 달리 진작 부하에게
알려주었어야 할 정보를 상사가 움켜쥐고 내놓지 않았을 때의 경우는
여간 심각한 것이 아니다. 이런 일은 공명심이 강한 상사에게서 자주 볼
수 있다. 그렇지만 부하의 협력 없이 혼자서 해내는 경우라면 모를까
그렇지 않을 경우에는 일을 송두리째 그르치는 수도 있다. 즉, 정보관리는
사장이나 고위 관리직에 있는 이들로 충분하다고 믿는 경우가 바로 이런

것들이다. 그렇게 되면 실제로 일을 해야 하고 또 문제를 풀어나가야 할 하위직의 일꾼들은 일의 윤곽조차 알 수 없는 데다가 방향마저 파악할 수 없게 되어 작업을 하지 못하고 지쳐버리고 만다. 정보는 정확할수록 좋고 또 그 전달이 신속하면 더 좋다. 그런데 상사들 가운데는 정보를 독점하겠다는 생각에 빠져 적절한 때를 놓치는 경우가 의외로 많다. 알고 보면 열등의식이 클수록 정보 독점을 좋아하는 특징이 있다. 대개 이런 유형의 상사는 자기의 우월감을 충족시켜주지 않는 유능한 부하를 경원하는 경향이 있다. 서로 경원하고 견제하는 동안에 정보 유통은 정지당하고 마침내는 한 부서 또는 회사 전체가 활기를 잃어버리고 만다.

정보는 생선과 같아서 신선도가 높을수록 가치가 있다. 때가 늦고 진부한 것이 되면 아무 짝에도 쓸모없는 한낱 소문에 그치고 말기 때문이다. '무능한 상사를 받들고 일하는 것만큼 큰 비극은 없다'라는 말은 이래서 생겨난 말이다. 이런 상사에게는 무능한 것처럼 위장해서 접근해가는 것도 하나의 방법이 될 수 있다. 유능한 사원을 경계하고 경원하던 무능한 상사도, 무능해 보이는 부하에게는 선뜻 본심을 드러내기 때문이다. 속담대로 '꿩 잡는 것이 매'라는 이치와 같이 인간에게는 경우에 따라서는 위선도 무기일 수 있다.

경험이 풍부한 상사는 의외로 부하 직원의 성장에 도움이 안 된다

교사 가운데는 학생들의 학습 의욕을 떨어뜨리고 창의성마저 빼앗는 이들이 의외로 많다. 그런데 놀라운 것은 이 유형의 교사 중에는 베테랑인 경우가 많다는 사실이다. 연구에 의하면 이런 유형의 교사는, 유머가 결여되어 있고, 예의나 형식을 갖추는 일에 매우 까다로우며, 언제나 자기의 견해나 사고방식을 학생들에게 일방적으로 강요하거나 동의해주기를 바란다는 특징이 있다. 마찬가지로 기업 내의 베테랑 직원, 과차장 아니면 부장급 가운데도 이와 비슷한 성향의 이가 적지 않다. 그들은 왜 자신들의 경험에 집착하는 것일까? 자기가 어떤 문제를 해결했을 때의 경험이 강렬하게 기억에 남아 있어서 그 경험에서 비롯되는 암시의 지배를 받기 때문이다. 그는 그 방법이야말로 최상의 것이라고 단정한 나머지 사고의 융통성을 상실해버리고 만 것이다.

심리학자 류틴스의 실험에서도 이 같은 경험 집착의 인간심리가 입증된 바 있다. 즉, 같은 방법으로 몇 가지의 수학 문제를 풀게 한 후 보다 간단한 방법으로 풀 수 있는 문제를 냈더니, 그들은 간단한 방법으로 풀려고 하지 않고 여러 번 경험한 바 있는 전자의 어려운 방법으로 풀더라는 것이다. 류틴스는 이 실험에서 같은 방법으로 풀 수 있는 문제를 계속해서 다섯 번 내고, 여섯 번째부터는 아주 간단한 방법으로 풀 수 있는 문제를 내놓고 나서, 그가 몇 번째부터 새로운 방식에 적응하는가에서 사고력의 유연성을 테스트하려 했던 것이다. 그런데 실험 결과 여섯 번째부터 제시한 간단한 방법으로 문제를 푼 이는 불과 얼마 되지 않았다. 말하자면 과거의 경험이 사고의 융통성을 방해했다는 이야기다.

'경험이 풍부한 베테랑 간부일수록 사고의 융통성이 없다'는 이야기는 바로 이 실험을 통해서 입증되었다. 그들은 자기가 해온 방법이 가장 적절하며, 최상의 것이라고 독단한 나머지 그 방법만을 고집하고 그것을 부하에게 일방적으로 밀어붙인다. 그들은 그 방법에 자신이 있는 데다가 익숙하기 때문에 이것저것 잔소리도 늘어놓게 된다. 그들은 이 방법이 아니고는 마음이 놓이지 않는다는 그 나름의 이유도 있겠지만, 마음 한 구석에는 자기의 경험보다 훌륭한 경험자가 부하 중에서 나타나는 걸 두려워하는 면도 없지 않다. 결국 이런 유형의 상사는 부하의 발전을 바라는 마음보다 부하가 언제까지나 자기의 영향권에서 벗어나지 않았으면 하는 소인배적인 심리가 있다고 봐야 할 것이다.

상사의 술자리에는 언제나 까닭이 숨어 있다

어느 날 갑자기 특별한 이유 없이 술자리 등의 사석에서 부하직원을 부르는 상사가 더러 있다. 하지만 그런 곳에 상사로부터 초대받았다고 좋아하는 직원은 별로 없다. 그러나 과거의 수직사회 시절에는 상사로부터 초청받는다는 것을 무조건 좋은 일로 생각하기도 했다. 평소 접근하기 어려웠던 상사와 자유로운 자리에서 적나라한 만남을 갖는다는 것은 신뢰의 중요한 계기가 된다고 믿었기 때문이었다. 일할 때는 잔소리를 퍼붓지만 일단 일이 끝나면 소탈한 인간으로 되돌아가는 상사일수록 사원 간에 인기가 높았다.

미국의 저명한 사회학자 탤컷 파슨스가 제창한 가치 척도의 이론 가운데 확산성(Diffuseness)과 제한성(Specificity)이 있다. 확산성은 기업 내의 일을 한정 없이 마구 시키는 것을 말하고 제한성이란 공·사간의 구별이 확실한 것을 말한다. 요즘은 확산성에서 제한성의 방향으로 가는 추세이지만, 아직도 확산성의 의식이 상하 간에 짙게 존속하고 있다. 이렇게 바람직스럽지 못한 의식이 어째서 없어지지 않고 존속하는 것일까? 바로 현대의 기업이 가져온 인간 박해 때문이다. 고도로 기능화된 조직은 그 조직의 내부에서 해결할 수 없는 부분을 외부에서 해결하도록 작용시키는 기능이 남아 있다. 격식이 있는 조직 속에서 생긴 모순을 격식이 배제된 곳에서 해결하려는 것이다. 더구나 이 같은 일은 따로 조직의 명령이나 지시라는 형식을 취하지 않고 조직 속의 적당한 구성원이 무의식중에, 그것도 마치 자기의 의지인 양 행동하는 데 병폐가 있다. 또, 일을 하면서 받은 굴욕감이나 부하를 못살게 군 뒤의 불안감, 당연히 따라줘야 할 부하가 잘 따라주지 않는 고민, 능력제일주의가 몰고 온 동료와의 거리감 등등 기업 내의 모순을 격식이나 형식을 차리지 않는 격식 없는 장소에서 풀려는 것이다.

물론 인간사회에는 공식적인 것만 존재하는 것이 아니라 비공식적인 일도 있다. 그것은 사회적 모순과 인간의 불신이 깊어질수록 비공식적 접촉이 많아지게 마련이므로 사회정의를 지킨다는 의미에서도 마땅히 경계되어야 하지만 그것이 없어질 수는 없다. 어느 날 갑자기 격의 없는 장소에 초대해준 상사가 오해를 풀자고 할 때, 그것이 진실이면 액면 그대로 받아들여도 무방하겠지만, 대개의 경우는 배후에 어떤 문제점이 있다는 것을 잊어서는 안 된다. 격식이 있는 관계에서 격식이 없는 관계로 전환하는 과정에는 무슨 까닭이 있게 마련이기 때문이다. 문제는 그 까닭이 무엇인가라는 것이다.

조직의 민주주의는 의사결정권자의 책임 회피와 종이 한 장 차이

기존에는 경영학이나 경영심리학에서는 민주적인 리더가 최고라고 평가되었었다. 하지만 과연 그럴까?

　　　　미국 아이오와 대학교의 심리학자 레윈, 리피트, 화이트가 이 리더십 행동유형 이론을 실험한 적이 있다. 리피트와 화이트는 보이스카우트 대원들로 하여금 나무틀에 여러 겹의 종이를 붙여 말린 뒤에 그 틀을 뽑아내어 인형을 만들게 했다. 그러면서 권위주의형과 민주주의형, 자유방임형의 세 파트로 나누어 그들의 행동과 작업능률에 어떤 영향을 나타내는가를 조사했다. 첫 그룹에는 모든 일을 자기 혼자서 결정하여 그것을 명령·감독하는 권위주의형 리더가 배치되었다. 두 번째 그룹에는 일의 진행을 모든 참가자가 토론하고 작업의 전망 등에 대해서도 집단토의하는 민주주의형 리더가 배치되었다. 세 번째 그룹에는 모든 것을 방임해서 무슨 일이든지 알아서 하라는 방임형 리더가 배치되었다. 그 결과 민주주의형 리더 밑에서는 공동 의식이 생겨 구성원 간에 굳은 결속과 우정이 생겨나는 것을 알 수 있었다.

　　　　레윈은 '나'의 I와 '우리'의 We가 어떤 비율로 쓰이는가를 조사했다. 그런데 민주주의형의 경우 0.39의 비율을 나타낸 데 비해 권위주의형의 경우에는 0.29라는 낮은 비율을 나타냈다. 즉, 민주주의형 리더 아래서는 친구 또는 집단의식이 한껏 높아진 것을 증명했을 뿐 아니라 작업의 능률이나 작업 결과에 대해서도 가장 높은 수준을 나타내 보였다. 그 결과 민주주의형 리더와 함께하는 구성원일수록 능률적이며 친숙해지고, 이상적이라는 결론을 얻게 되었다. 그러나 우리의 현실 내부를 들여다보면 앞서와 같은 이상적인 리더가 별로 눈에 띄지 않는다.

　　기업 내부를 좀 더 주의 깊게 관찰해보면 대개가 민주적이라는 미명 아래 방임형인 경우가 의외로 많은 데 놀라지 않을 수 없다. 그런데 최근에는 소위 민주적인 리더라고 자칭하는 상사 가운데 의사결정의 한계까지는 민주적이라는 말을 자주 쓰다가 결정 이후의 책임은 모두 부하에게 떠맡기는 유형이 많아졌고 이것이 하나의 특징처럼 되어버렸다. 실로 어처구니없는 일이다. 민주주의형 조직이든 아니든 간에 모든 조직에서 의사결정권자는 그 일의 최후까지 책임을 져야 하는 존재다. 그런데 그들이 민주적 참여를 구실로 책임 회피를 일삼는다면 부하직원 입장에서는 달가울 것이 없다. 따라서 부하로서는 일견 민주적으로 보이는 상사일수록 그가 무책임한 민주적 방임주의자인가, 의사결정을 자기 멋대로 내리는 민주적 권위주의자인가를 충분히 살펴야 한다. 잘될 때는 민주적이었다가 불리할 때는 책임 회피하는 리더 아래서는 능률을 기대할 수 없기 때문이다.

건의사항은 항상 접수한다는 말에
숨겨진 진짜 의미

직장인들은 저마다 각기 다른 문제의식이나 소망 또는 재능을 가지고
있다. 따라서 조직 속에서 공동의 목적을 향해 일할 때 일상의 충돌, 주장
등 모순이 생기는 것은 너무나 당연한 일이다. 그것은 동료끼리 일어날
때도 있고 상하관계 속에서 일어날 수도 있다.

세계적 기업인 IBM에는 문호개방(open-door policy) 제도가 있다.
창립 당시 워싱턴 1세가 사원들의 불평과 불만을 언제 어디서라도 들을 수
있게 하기 위해 온종일 사장실 문을 열어두었던 것이 차차 제도화되었고
오늘날에 와서는 급속도로 활성화되어 크게 성과를 올리고 있다. 그런데
이 방식을 동양, 특히 일본에서 채택해봤으나 의외로 잘 되지 않는다는
지적이 많다. 그 까닭은 여러 가지가 있겠으나 가장 핵심적인 이유는,
일본은 아직도 직장에서 대등한 인간관계가 정착되어 있지 않아서 위에서
아래로의 수직적인 관리적 발상이 전면에 나타나는 경향 때문이라는
것이다. 아무튼 방식은 일견 사원의 불평이나 불만 혹은 건의사항 등을
수렴해서 해소시켜주는 방법으로 이해되고 있다. 그러나 여기에도
관리하는 측의 심리적인 함정이 숨겨져 있다는 것을 알아야 한다.

인간은 생리적 욕구나 사회적 욕구를 외부로부터 저지당하면
당연히 불평과 불만을 가지게 된다. 그래서 그것을 해소시키려면 욕구를

저지하는 원인을 근본적으로 제거해야 한다. 그러나 "어떤 불평과 불만도 들어줄 테니까 와라"는 발상은 위쪽에서 결정된 것에 불과하다. 부하직원은 이 '언제라도 좋다'는 찬스가 곧 우리의 불평을 언제라도 들어줄 상사가 있다고 착각하고 만다. 즉, '언제라도'라는 안도감과 함께 생긴 낙관적 기대가 마치 이미 모든 문제가 해결된 상황인 것처럼 자기도 모르게 믿어버리는 것이다.

어떤 문제에 대해 안도감과 낙관적인 생각을 갖는 것이 나쁘다고 할 수는 없으나 그가 생각하고 있는 것만큼 문제가 해결되고 있느냐 하면 그렇지도 않다는 데 문제가 있다. 이 착각이 남아 있는 동안 문제의 본질은 한 가지도 개선되거나 해결된 것이 없다. 결국 많은 사원들은 활짝 열려 있는 사장실로 들어가지도 않지만, 그렇다고 불만을 마구 해대는 일도 없이, 무자각적으로 불만과 불평을 축적해가는 결과가 되고 만다. 상당히 강인한 정신력과 인내심을 가진 자, 즉 강심장이 아니면 모두 자연 도태되고 만다는 점을 문호 개방의 발상자는 미리 알았던 것이다. 개인이 조직 속에서 '사는 보람'을 구하려고 애쓰고 있을 때, 조직관리자 측은 어떻게 하면 본인에게 자각시키지 않고 개인의 생각을 하지 못하게 하느냐를 궁리한다. 또 '불평을 털어놔라'는 것은 '털어놓지 말아라'를 뒤집은 것에 지나지 않는다. 이만큼 조직의 인간관리 전술이 고도화되고 있다. 따라서 부하직원에게는 상사의 마음을 읽는 기술이 절대적으로 필요하다.

킬러 프레이즈란 타인의 아이디어를
"그런 것은 아무 쓸모도 없어" 하며
뭉개버리는 행위를 말한다.

예스맨 VS 노맨

상사 중에는 부하직원에게 "예스맨이 되지 말아라', 사장 앞에서도 아니면 아니라고 당당히 말할 수 있는 용기를 가져라" 하고 말하는 인간이 있다. 상사가 시키는 일이라면 무엇이든 '예스'라고 할 수만은 없는 것이 실무자의 입장이다. 그리고 "그건 실행이 어렵습니다"라고 솔직히 말할 수 있을 만큼 직장은 단순한 곳은 아니다. 질문 여하에 따라 부하직원이 예스맨이 될 수도 있고, 노맨이 될 수도 있다는 점을 간과하고 있는 상사인 것이다.

"오늘은 참으로 좋은 날씨 아닌가?", "어머니께서는 건강하시지?", "자네도 벌써 입사한 지 10년이 지났네." 등 상대가 예스라고 대답할 수밖에 없는 질문을 하고 나서 "이번에 자재 구입은 A회사에 부탁하는 것이 어떻겠는가?"라는 중요한 질문을 던지면 상대는 예스라고 대답할 수밖에 없게 된다. 결국 그 상사는 노맨이 되라고 말했지만 사실은 예스맨이 되어주길 내심 바라고 있었던 것이다. 만약 회사의 자재를 구입하기를 원하고 있는 상사에게 B회사가 아니면 안 된다고 A회사를 거절하는 대답을 대놓고 했다면 그 상사는 이 녀석의 목을 쳐야겠다고 생각했을 게 뻔하다. 직장인이란 대화의 답변이 준비되어 있을 때는 상대의 질문에 따라서 '예스냐, 노냐'의 대답을 할 수 있지만, 그렇지 못한 경우에는 자연히 입을 다물고 본심과는 다른 엉뚱한 말을 하게 마련이다.

패카드의 책에 나오는 전당포 조사에 관련된 이야기를 보면 "당신은 전당포에 간 일이 있었습니까?"라고 직접적인 수법으로 물으면 대개는 '예스'라고 솔직하게 대답하지 않았다고 한다. 또한 전당포의 단골 명부에서 선별해낸 특정인에게 물었을 때도 태반이 '노'라고 대답했다고 한다. 인간이란 자기의 치부를 드러내기를 좋아하지 않으며, 그 치부를 되도록 감추려 하는 심리가 내재되어 있기 때문이다. 이런 논리로 보면 '예스냐, 노냐'의 대답은 사실상 모호한 것이며, 설혹 그가 '예스'라고 했다 하더라도 진심으로 동의했다고 볼 수는 없다. 그렇다고 '노'라고 대답했다고 해서 그가 신념을 가지고 반대를 했는지도 속단하기 어렵다. 그럼에도 불구하고 인간은 '예스냐, 노냐'는 질문 공세에 직면하거나, 질문에 대해 책임이 있든 없든 간에 대답을 하지 않으면 안 될 입장에 놓이게 된다. 따라서 인간관계의 심리적인 메커니즘을 무시하고 '저 녀석은 예스맨이다', '저 친구는 노맨이다'라고 멋대로 딱지 붙이기를 좋아하는 상사라면 비교적 소박한 인간으로 보아도 좋다.

대개의 경우 부하의 심리를 미리 읽고 나서, 교묘한 질문을 던져 그의 입에서 자기가 바라는 대답이 먼저 나오도록 유도하는 지능적인 상사는 어디에나 있다. "가장 용감한 이는 NO를 평생에 한 번밖에 안 한다"는 말이 있는데, 이것은 역설적으로 이 대답이 직장인에게 얼마나 어려운 것인가를 잘 나타내준다. '노'라고 해야 할 때에 '예스'라고 해버리는 직장인은 이미 죽은 거나 마찬가지다.

무능한 상사일수록 자기에게 관대하고 남에게 가혹하다

창의성 계발법으로 유명한 알렉스 오스본의 브레인스토밍 기법의 요체로 "작은 아이디어도 건성으로 듣지 말라"를 꼽을 수 있다. 이것은 아이디어 회의에서 상급자의 킬러 프레이즈를 금하려는 의도에서 나온 말이다. 킬러 프레이즈란 타인의 아이디어를 "그런 것은 아무 쓸모도 없어" 하며 뭉개버리는 행위를 말한다.

조직 활동이 있는 한 그 속에서 나오는 아이디어는 특정 개인의 산물이라기보다는 그 조직 전체의 것으로 자연스럽게 창출된 공동작업이라고 봐야 옳을 것이다. 비록 하찮게 보이는 아이디어라도 그것이 즉발되어 상상도 못할 결과를 가져오는 수가 있기 때문이다. 만약에 '하잘것없다'고 평가되었던 아이디어가 살아나고 실용화되어 큰 성과를 거두게 된다면, 그 계기를 만들었다는 것만으로도 아이디어를 냈던 직원은 자기실현의 기쁨을 맛보게 된다. 이에 반해 '안 돼'라고 일언지하에 킬러 프레이즈가 거듭된다면 그로부터 시작되었을지도 몰랐던 싹과 연상의 끈을 무참하게 죽이고 만다. 뿐만 아니라 그 하잘것없는 아이디어를 냈던 직원은 두뇌활동의 정지와 함께 무언에 엄청난 압력이 가해지고 말았으니, 결국 결실을 맺을 수 있을지 몰랐던 결과를 저버리고, 나아가서는 개인의 '뭔가 해보고 싶다'는 의욕마저 앗아가는 이중의 손실을 범하게 된다.

팀워크 연구로 유명한 인류문화학자 기타 지로는 일의 결과를 '잘 됐다, 잘못 됐다'라고 평가하기 전에 "우선 맛을 보는 심정으로 음미하는 일이 중요하다"고 했다. 마치 다 된 요리를 먹을 때와 같이 그 요리가 되기까지의 과정을 상상하고 맛이 있든 없든 입 속에 넣고 천천히 맛보는 감정을 가지라는 것이다. 그러고 나서 참으로 맛이 있다든지 조금 더 달았으면 좋았겠다, 아니면 조금만 더 익혔으면 좋았겠다 하는 식의 평가가 이상적 방식이라고 했다.

이것은 킬러 프레이즈는 금물이라는 생각과 아주 흡사한 말이며, 아이디어나 일의 결과에 대해 무자비하게 평가하는 것이 얼마나 창의성에 손상을 입히고, 자기실현의 근본 바탕을 앗아가는가를 의미 있게 시사하고 있다. 그런데 이 킬러 프레이즈는 자신의 자유를 지키기 위해 전전긍긍하는 상사 가운데 특히 많다. 부정함으로써 하지 않아도 되는 일을 적극적으로 했다가 말썽을 일으켜 평지풍파를 일으키지 않겠다는 의도가 내면에 깔려 있다. 현재의 자기 위치를 지키는 데 이런저런 문제를 일으켜 시끄럽게 할 일이 없다는 말이다. 그러니까 무턱대고 하위직의 아이디어를 과소평가하거나 매도하는 상사일수록 무능하다고 봐도 크게 틀리지 않는다. 이런 유형의 상사일수록 자기보다 우수한 부하가 표면에 떠오르는 것을 달가워하지 않는다. 자기가 아니면 누구도 그 일을 감당 못한다고 호언하거나 일 이야기보다 자기 선전에 주력하는 임원이라면 이미 능력 한계에 도달했다고 봐도 좋다.

'너를 위해서'라는 말은 사실 '나를 위해서'라는 뜻이다

잔소리를 하는 엄마는 공부를 하지 않는 아이에게 "너는 어째서 그렇게 농땡이를 부리느냐, 열심히 공부하지 않으면 좋은 학교에 갈 수 없다. 네가 그 사실을 잘 알고 있지 않느냐? 네가 공부를 안 해도 엄마는 별로 곤란할 것이 없지만, 너를 위한 충고다"라고 이야기하곤 한다. 그러나 이 같은 잔소리는 백해무익할 뿐 아니라 아이에게 전혀 도움이 되지 않는다. 자존심에 상처만 입히게 되어 마침내 공부하기 싫어하는 아이로 만들고 만다. 사실 '너 때문에'라는 말 속에는 '나 때문에'라고 하는 감정이 강렬하게 내포되어 있다. 진실로 아이를 위한다면 일부러 '너 때문에'라는 말을 강조할 필요는 없다. 좋은 학교에 들어가지 못했을 때 곤란한 것은 잔소리를 퍼붓는 엄마이기 때문이다. 아이에게 공부를 더 많이 시키고, 그 공부의 결과가 어떤 결과를 가져온다는 것을 설득하자면 앞서와 같은 방법으로는 어렵다. 그보다는 "엄마는 네 생각을 얼마나 하고 있으며 그토록 생각하기 때문에 충고하는 것이니까 내게 협력해줄 수 없겠니?"라는 식으로 부탁하는 편이 훨씬 낫다.

원래 인간이란 무의식중에 상대의 자존심에 상처를 입힘으로써 자신의 자존심을 높이려는 경향이 있다. 남에게 욕을 한다든지, 다른 이에게 이론을 늘어놓는다든지 하여 그 나름의 욕구를 만족시키려는 것이다. 자존심이 남달리 강한 직원일수록 타인에 대한 험담이나 욕설을 자주 하는 것도 이 때문이다. 자기가 아름답다고 생각하는 인간일수록 끊임없이 다른 이의 외모를 화제로 언급한다. 그럼으로써 자기가 더 우월하다는 사실을 과시한다.

자기가 1인자라고 생각하는 중간 관리자일수록 부하의 약점을 찾아내 험담을 늘어놓는다. "이 사람아, 이 달의 매출이 굉장히 떨어졌군. 지금부터 바짝 정신 차리지 않았다가는 훗날에 가서 고통 받을 거야. 이 말은 회사를 위해 하는 말도 아니고, 누굴 위해서 하는 말도 아니네. 자네 자신을 위해서 좀 더 노력해주게나!" 이런 투의 충고야말로 자존심이 강한 어머니가 공부를 하려 들지 않는 자식에게 압력을 가하는 것과 같은 자존심 충족에 지나지 않는다. 매출이 떨어진 사원에게 '자네를 위해서'라고 단서를 붙인 충고는 회사를 위해서도 아닐 뿐더러 그를 위해서는 더욱 아니다. 그것은 순전히 자기의 내적 자존심을 충족시키는 일에 협력해달라는 말에 지나지 않는다.

따라서 직장이나 조직, 그것도 하부 조직에 있는 인간은 상대의 충고를 분별 있게 받아들일 필요가 있다. 그리고 그가 원하는 자존심의 충족과 욕망에 대해 특별한 조치를 취하면 그만이다. 그러니 평소의 잔소리가 회사나 나를 위해 하는 것이 아니고, 자기 자신을 위해서 하는 한 회사에 충실하려는 각오와 실천이 무엇보다 중요하다. 나라는 존재는 회사에 몸담고 있는 한 회사와 운명공동체이기 때문이다. 회사가 죽는데 그 속에서 살아날 임직원은 없을 것이기에 한가하게 잔소리와 험담만 퍼붓고 있을 수도 없다.

층층시하에 얽매여 사는 직장인이기에
선부른 의견제시나 험담은
최대한 삼가하는 것이 유리하다.

'의견을 말하라'할 때 아무도 입을 열지 않는다

소련 수상 흐루쇼프가 스탈린을 규탄하는 대연설을 했다. 그런데 연설이 한창 진행되고 있는 흐루쇼프의 테이블에 "당신은 스탈린이 생존했을 당시 무슨 말을 했으며, 어떤 일을 했는가?"라는 요지의 메모가 전달되었다. 메모를 읽은 흐루쇼프는 열을 올리고 있던 연설을 중단하고 메모 내용을 큰소리로 죽 읽어내려간 뒤에 회의장을 좌우로 훑어보면서 "이 메모를 쓴 인간은 내가 셋을 셀 동안에 기립하시오"라고 심히 불쾌하게 소리를 질렀다. 회의장은 일순간에 물을 끼얹은 듯 조용해졌고, 셋을 셀 때까지 아무도 기립하지 않았다. 그러자 흐루쇼프가 말했다. "좋다. 동지 여러분! 지금이야말로 스탈린 생존 시에 내가 무슨 일을 했는지, 무슨 말을 했는지를 설명하기에 적절한 때다. 그때의 나도 지금 이 메모를 쓴 자가 그런 것처럼 일어설 수가 없었다."

이 이야기가 실화인지는 확인되지 않았지만 인간심리의 기미를 적절히 포착한 이야기임에는 틀림없다. 물론 흐루쇼프는 "서라!"고 해도 설 녀석이 없을 것이라는 것을 미리 알고 있었기 때문에 그렇게 요구했을지도 모른다.

세상에는 "의견을 말하라!"고 요구하는 상사들이 생각보다 많다. 상사라는 권위를 내세워 의견의 제시를 강요한다. 회사의 회의실 테이블에는 사원들이 긴장한 얼굴로 부동자세로 앉아 있다. 윗자리에는 근엄한 표정을 한 사장과 임원들이 어깨에 힘을 주고 앉아서 사원들의 얼굴을 뚫어지게 바라보고 있다. 얼마 있다가 사장이 입을 연다. "젊은 직원들의 의견이 반영되지 않는 한 회사는 성장하지 않는다. 그래서 오늘은 사원들로부터 회사의 방침에 대해 솔직한 의견을 듣고자 한다. 전무! 차례로 사원들의 의견을 들어보면 어떻겠는가?" 뒤를 이어 전무가 입을 연다. "사장님께서 여러분들의 솔직한 의견을 듣고자 하시니 사양 말고 말해주게나!"

사장과 전무가 이같이 말했다고 해서 입을 열 사원은 없다. 결국 회의는 사장의 독무대로 끝나고 만다. 그들은 아무런 심리적인 배려나 발언할 수 있는 분위기를 만들어주지 않고 '의견을 말하라'고 했는데, 이것은 '의견을 말하지 말라'는 것과 같은 의미임을 전혀 생각지 못하고 있는 것이다. 그 증거로 술자리 같은 곳에서 상사를 비판한 한마디가 인사과에 올라 손해를 보는 사례에서 알 수 있다. 상대가 마음의 문을 열지 않는 한 자기도 마음의 문을 열지 않는 것이 가장 현명하다. 특히 층층시하에 얽매여 사는 직장인이기에 섣부른 의견제시나 험담은 최대한 삼가는 것이 유리하다.

아무것도 결정하지 못하는 상사는 무능하다

기업의 관리자 중에 중대한 의사결정의 자리에서 묘하게 그 모습을 감추는 인간이 간혹 있다. 결재 도장을 찍는 일이 두렵기 때문이다. 이로 인해 일이 지체되면서 관련부서는 물론 다른 부서에까지 곤욕을 안겨주지만, 정작 본인은 좀처럼 고치질 못한다.

"오른쪽으로 갈 가능성도 있고, 왼쪽으로 갈 가능성도 있다. 그 결과는 어떤 것이 될지 아무도 모른다. 그렇다고 엉뚱하게 된다고 단정하기도 어렵다. 아무튼 신중하게 생각하지 않으면 안 된다"라는 것이 그가 늘어놓는 변명이다. 주관적으로 요약하면 "생각에 생각을 거듭하다 보니까 결국에 아무것도 결정할 수 없다"이다. 심리학자의 입장에서 보면 당사자한테는 가혹한 말이 될지 몰라도 "생각하기 때문에 결단을 못 내리는 것이 아니라, 해낼 수 없기 때문에 생각하는 것뿐이다"라고 말하고 싶다. 이런 유형의 상사는 사실 가벼운 의사결정장애가 있어서 자신이 일의 진행에 단호한 결정이나 빠른 판단을 내릴 수 없다는 것을 무의식중에 알고 있다. 업무상 판단을 재촉받으면 받을수록, 하고 싶지 않은데 하지 않으면 안 된다는 딜레마의 고통으로부터 도피하려고 이것저것 시간을 벌 궁리를 하면서 '신중히 생각한다'며 스스로를 납득시키고 있는 것에 지나지 않는다.

예를 들어, 음료를 선택하는 데도 "커피로 할까, 아니면 홍차로 할까?"를 한참 망설이다 "아무거나"라고 결정을 해버린다. 이런 유형의 상사는 중요한 업무에서의 결정에서뿐 아니라 하찮은 일로도 심각하게 고뇌한다. 그렇다고 해서 이런 인간이 모든 일에 그만큼 신중한 것일까? 알고 보면 그렇지만도 않다. "어제 길거리에서 마주친 그 사람과 결혼한다면 얼마나 좋을까!"라는 식의 비상식적인 소리를 거침없이 할 수 있는 위인이 바로 이런 인간이다. 단돈 1만 원, 2만 원을 쓰는 데는 며칠씩 고민하면서, 몇 백만 원 단위를 쓰는 일에는 무모하리만치 충동적으로 결정해버리는 만용도 발휘한다.

한 장의 품의서가 몇 명의 상사들을 거쳐야 하고, 사무용 연필 한 자루를 받고자 몇 십 분이 걸려야 하며, 회사의 의사결정이나 사무처리의 속도가 느린 것은 복잡해지고 경직화된 조직의 전형적인 증상이다. 그러나 그 조직 속에는 앞에서 말한 바와 같은 일종의 의지장해자들이 있기 때문에 조직 전체에 지체현상이 일어난다. 톱니바퀴에 한 알의 모래가 끼어서 그 바퀴의 회전을 방해하거나 바퀴를 상하게 하는 수가 있듯이, 전체 속의 한 인자가 불완전하고 불확실할 때 전체의 원활한 운영도 방해받게 된다. "바보스러운 생각은 잠자고 있는 것과 같다"는 말이 있듯이 무능한 상사일수록 오래 생각하는 측면이 있다. 그렇다고 빨리 생각하고, 빨리 결정하고, 빨리 일하는 것만이 옳고 정당하다는 말은 아니다. 생각할 만큼 생각하고, 적당한 시기에 결정을 내리고, 너무 늦지 않게 하는 것이 일의 순서이며 순리임을 잊지 말자.

이들은 부하가 무능하다고 비판하거나
스스로를 한탄하기 일쑤인데,
이것은 부하직원의 장점을 발견하지 못하는

자신의 무능을 인정하고 있는 것과 다름없다.

잘난 것이 없기에 허세를 부린다

생각지도 않았던 거금이 수중에 들어오면 갑자기 값진 옷을 맞추어 입는다든지, 금테안경과 금시계를 차는 등 거드름을 피우는 직원을 가끔 볼 수 있다. 몇 년 전만 해도 벌이마저 시원치 않아 가족을 고생시키던 이가 돈을 자랑하며 안하무인격으로 처신하는 것을 보면 아무리 제멋에 사는 인생이라지만 역겨운 것은 사실이다. 갑자기 땅값이 오르는 바람에 얼마 전까지만 해도 논밭에서 야외 노동으로 고생하던 이가 호화로운 집을 짓고 수입 자가용을 몰고 다니는 것을 보면 인간심리가 얼마나 무서운 것인가를 실감한다. 직장에서 특별한 지혜나 능력도 없는 직원이 연공서열에 따라 승진하면 순식간에 잘난 척하고 거드름을 피우는 경우가 있다. 어깨에 힘주어봤자 누가 존경하는 것도 아니고 떠받들어주는 것도 아닌데 그는 그것을 모른다. 결국 그는 자기의 무능함과 인간 됨됨의 결함을 남에게 알려주고 있는 셈이다.

인간은 누구나 자기가 주위에서 어떻게 평가되는지를 신경 쓰며 살아간다. 그런데 실제는 그가 자기 자신에 대해 갖는 '자기 평가'가 주변인들의 평가로 전류 흐르듯이 통한다. 즉, 자기 평가의 내용을 표정이나 언동으로 나타냄에 따라 자기가 점거할 수 있는 위치나 취해야 할 태도를 주위의 관계 속에 심어주게 되는데, 이때 자기 평가가 정당한 것이면 적합한 심리관계가 생기고 또 상대도 그렇게 받아들이게 된다. 그렇지만 무능력한 직원이 가진 능력 이상의 높은 자기 평가적 태도를 보인다면 주위로부터 호응을 받기는커녕 반발을 사게 된다.

　　무능한 상사가 거드름을 피우는 것은 부하들로부터 무시당할까봐
두렵기 때문이다. 어두운 밤에 호젓한 공동묘지 부근을 지나게 되면
엄습하는 무서움을 털어내기 위해 큰소리로 헛기침을 하거나 노래를
부르는 것과 같은 이치다. 그것은 자기 평가와 주위에서 내린 평가에 큰
차이가 있는 것을 알기 때문에, 낮은 평가가 두려운 나머지 의도적으로
거드름을 피움으로써 무시당하지 않으려고 저항하고 있는 것이다.
위선이 악덕이듯이 위장은 진실에 대한 무모한 허세다. 두말할 것 없이
사회생활의 모든 것, 특히 직장에서 직원의 평가는 업무 실적을 중심으로
이루어진다. 자신감이 있다면 일부러 허세를 부릴 필요도 없고, 또
주위에서도 온당한 평가를 내려주게 마련이다.

　　황금만능시대가 도래하면서 우리 주변에는 많은 변화가
생겨났다. 앞에서 지적한 일확천금을 얻은 졸부들이 허세를 부리는
것을 비롯해서, 정도를 넘어선 사치 풍조, 쾌락주의도 문제 중의 큰
문제로 부각되고 있다. 세계에서 손꼽히는 거대한 기업체 소유주 내지는
최고경영자의 처신을 보면 어떤가? 앞서 말한 이들과는 비교할 수 없을
만큼 막대한 부를 지닌 그들 대부분은 놀랍게도 복장은 검소하고 만찬
초대 등 특별한 경우를 제외하고는 값비싼 음식을 먹지도 않는다. 그런
위치에 오를 수 있었던 이들은 사업을 통해 자아실현을 하고 그 과정에서
사회에 기여하게 되었을 뿐 일신상의 쾌락을 위해 돈을 벌었던 것이
아니기 때문이다. 생각이 짧으면 행동이 경거망동하고, 지혜가 깊으면
추구하는 목표가 높고 큰 법이다. 겉으로 드러나는 바에 끌려가지 말고,
깊은 땅속에서 금맥을 캐듯 처신해야 한다.

자신이 무능하기에 상대를 무능하게 여긴다

남을 공공연히 매도하거나 비난하는 사회인은 도덕적으로 좋은 인격의 소유자는 아니다. 좀 더 솔직히 말하면 도덕적 견지에서뿐만 아니라 판단력이나 적응력, 지도력 등 사회적 능력면에서도 결함이 있다. 이 같은 일은 공·사 간의 일로 기업인들을 만날 때마다 체험하는 것인데, 그중에서도 리더의 인간적 결함을 많이 발견할 수 있었다. 리더의 중요한 역할 중의 하나는 부하 육성이다. 부하를 육성한다는 것이 부하의 결점이나 장점을 구별하지 않고 모두 키운다는 뜻은 결코 아니다. 장점을 발견하여 그 장점을 훌륭하게 키워주는 것이 부하의 육성일 것이다. 그럼에도 불구하고 많은 관리자들이 부하직원의 장점을 발견하기보다 결점을 발견하는 데 더 신경 쓰고 있다. 이들은 부하가 무능하다고 비판하거나 부하 복이 없다며 스스로를 한탄하기 일쑤인데, 이것은 부하직원의 장점을 발견하지 못하는 자기 자신의 무능을 인정하고 있는 것과 다름없다. 무능한 사원은 무능한 리더에 의해서 만들어지는 것이다.

　　조직에는 A라는 리더 위에 B라는 리더가 있게 마련이다. 그 리더와 리더 사이에도 위의 원칙이 통한다는 사실이 미국의 한 심리학자의 연구에서 밝혀졌다. 예를 들어, 한 회사에 수십 개의 부서가 있고, 거기에 각각 과장과 과장을 지휘하는 부장이 있다. 그런데 과장이 부하에게 자유스럽게, 그것도 자기의 판단하에 일을 시키지 않고 심하게 간섭하는 방식을 취한 과장의 수가 고생산과^{高生産課}에서 6명, 저생산과^{低生産課}에서 11명이나 됐다는 사실이다. 그리고 이들 과장의 상사인 부장의 지도방식도 하나같이 간섭형으로서, 과장의 지도방식과 일치하고 있었다. 이 연구는 관계자의 관리방식은 그 관리자 자신이 관리하고 있는 방식에 부하들이 영향 받기 쉽다는 것을 입증한다. 또 하나, 부하를 무능하다고 단정하는 리더는 그 자신도 자기 위의 리더로부터 무능자로 낙인찍혀 있었다는 점이다. 그래서 '무능한 과장은 무능한 부장에 의해 만들어진다'고 했고, '유능한 사원은 유능한 과장에 의해서 만들어지게 마련'인 것이다.

　　　인간은 환경의 영향을 가장 민감하게 받는 생명체이다. 그 영향이 '세 살 적 버릇 여든까지 간다'고 할 정도가 아닌가. 따라서 인간은 되풀이해서 꾸지람이나 핀잔을 받으면 그 스스로가 무능하게 여겨져서 좌절하고 만다. 일단 자기 자신이 무능하다고 생각하기 시작하면 실제로 무능해지는 수가 많은데, 이것을 심리학에서는 일종의 자기암시 효과라고 부른다. 직장인에게 있어 무능한 상사를 만난다는 것은 가장 불행한 일이며 비극적인 일이다. 문제의 해결은 상사의 유·무능을 간파하는 데 있다. 그렇게 상사의 유·무능을 판별해서 만일 무능한 상사일 경우에는 스스로 나서서 자기가 나아갈 길을 개척해야 한다. 이때 필요한 것이 강력한 도전의식이고, 평소에 갈고 닦아두었던 실력이다. 그러므로 도전의식과 기본적인 실력은 언제든지 꺼내어 쓸 수 있는 칼처럼 가지고 다녀야 한다.

출세를 미끼로 삼는 윗사람은 경계하라

인간은 평등하다고 하지만 어느 사회에나 계급이 있게 마련이다. 평등은 인권, 생존, 가치관에 관한 것일 뿐 모든 인간이 사회적 지위나 경제, 문화적으로 평등하다는 뜻은 아니다. 인간은 태어나면 본인의 의사에 관계없이 상하 좌우로 형성되는 계급의 틀에 묶이게 된다. 군대가 그렇고 직장이 그러하며 심지어는 철부지들의 요람인 초등학교에까지도 계급의 힘이 파고들어간다. 특히 공무원의 경우는 임명장 한 장으로 근무지가 바뀌는가 하면 생사여탈이라고 해도 과언이 아닌 보임과 사직을 감수하지 않으면 안 된다. 따라서 그들이야말로 가장 엄격한 계급사회의 피지배 계급층이다.

사장이나 임원이 승진하는 부하에게 발령장을 건네주는 장면을 상상해보자. 그런 광경은 뭐라고 말할 수 없는 비애감에 젖게 만든다. 한쪽은 한껏 권위 있게 "자네를 OO일자로 OO과장으로 임명하네" 하면서 커다란 은총이나 베푸는 것처럼 생색을 내고, 다른 한 쪽은 긴장과 희비가 엇갈리는 표정으로 무슨 죄나 지은 사람처럼 경직되어 임명장을 받아든다. 우리는 한낱 가소로운 이 촌극에서 권위와 복종의 인간 드라마를 상징적으로 보게 된다. 이와 같이 사회생활의 요소요소에 많은 이가 권위에 맹종하고 있다. 그러나 오늘날의 젊은이는 승진이나 승급에 따른 복종에는 상당한 거부반응을 나타낸다. 승진이나 승급이 자기의 능력과 노력에 따른 당연한 급부라고 생각하기 때문이다.

　　　그럼에도 불구하고 케케묵은 생각을 가진 상사들은 기업의
환경이나 대우만 개선해주면 모든 인간은 조직의 그물 속으로 기어들어올
것이라 생각하고 있다. 인간의 사회적 욕구에는 지위욕과 명예욕, 권력욕,
집단 속에서 인정받고 싶어 하는 심리적 욕구가 있다. 그리고 이것은
사회의 변화와 함께 갖가지 형태로 변화무쌍하게 나타난다. 따라서
오늘날 조직 관리자들은 젊은이들을 어떻게 복종시킬지 고민할 것이
아니라, 어떻게 조직과 함께 살아갈 수 있게 해줄 것인가를 고민해야
한다. 최근의 조사에 따르면 출세보다는 가정의 평화, 느긋한 노후생활을
바라는 젊은이가 점점 늘어나고 있다고 한다. 고도성장 시대에 출세한
상사들 가운데는 자신들이 겪었던 체험이 부하에게도 통용될 것으로 믿는
이가 많다. 오직 직장을 위해서, 조직을 위해서 일하는 것만이 유일한
생존 방법이라고 생각하는 상사는 결코 바람직한 리더라 할 수 없다. 그런
인간 밑에서는 발전할 수 없기 때문이다.

객관적으로

혹은 직감적으로 신용할 수 없는 상사가

'권한을 이양한다'라고 말할 때는

반드시 조심해야 한다.

큰 인물일수록 시기심이 많다

회사의 상사 가운데 만약에 기가 세고 활동적이면서 적극적인,
말하자면 원맨 유형의 인간이 있다면 당신은 주변을 좀 더 깨끗하게
정리정돈해두는 것이 좋을 것이다. 이런 유형은 소위 편집형으로
시기심이 강한 데다가 있지도 않은 일에 의심을 하는 경향이 있기
때문이다.

이 편집형이라는 것은 심인성 질환으로 정신병에서 비롯된다.
이것은 망상을 중심으로 한 정신병리적인 현상인데 그 진행과정이나
나타나는 양상이 매우 재미있다. 우선 제1기에는 소위 관계망상의
시기로 부하가 자기에게 인사를 하지 않기 시작했다든지, 회사 내의
모든 직원이 자기에 대해 좋지 않은 소문을 퍼뜨리고 있다는 등,
매사를 자기와 결부해서 생각해버린다. 여기서부터 시기심이 강해지기
시작하고 주위의 변화를 분석하면서 스스로 번뇌 속에 빠져든다.
그러다가 제2기의 피해추적병기에는 위에서 말한 제1기 증상보다
확실하게 현실적이 되고 환청현상까지 나타난다. 이 시기가 되면 실제로
남들이 아무 이야기도 하지 않고 있는데도 그의 눈에는 뭔가가 보이고,
귀에는 자기의 험담이 들린다. 이를테면 피해망상, 추적망상이 마음의
전부를 지배하게 됨으로써 밤낮 없이 그 일만을 되풀이해서 생각하게
된다. 제3기의 인격변환기에 들어서면 이번에는 과대망상이 나타난다.
남으로부터 그만큼 공격을 당하고 시기를 살 만큼 된 데는 자기 자신이

얼마나 강자이며 모든 일에 능한 대물인가라고 생각하게 된다. 결국 자기 자신에 대한 과대망상이 절정에 다다르면 안하무인으로 교만해지고 정상인으로서는 상상도 못할 정도로 거리낌 없이 독선을 해댄다. 또한, 굉장히 기분이 좋아지면서 지금까지 남들이 자신을 수없이 박해하고 모략했지만 나는 살아 남았다는 말을 반복하며 '자신이야말로 최대의 인물'이라고 잘난 척하는 것이다. 독선적인 관리자를 모두 정신질환자라 할 순 없지만, 이와 유사한 성격의 소유자가 많은 것은 사실이다.

많은 신흥종교의 창시자 가운데 분열증이나 편집병자가 많다고 하는데 창업한 사장 가운데도 가끔 편집증 증세를 보이는 이들이 있다. 그들의 대부분은 이중인격자로, 이기적이고 욕심이 많으며 독단하면서 자기만이 옳다고 주장하는가 하면, 남을 심하게 공격하는 배타적인 태도를 가지고 있다. 이런 부류의 인간은 모든 부하를 의심하기 십상으로, 과장을 불러 추궁하다가 과장의 대답이 애매하면 "너도 한패"라는 식으로 몰아세운다. 심한 경우는 조직 내에 스파이를 두기도 하고, 변호사를 고용해서 소송을 일삼기도 한다. 그런 인간은 얼핏 황소와 대결하는 개구리 이야기를 생각나게 한다. 개구리가 황소를 이기기 위해서 배에 잔뜩 바람을 집어넣다가 급기야는 배가 터져 죽고 만다는 이솝우화 말이다. 겉으로 큰 인물로 보이는 상사일수록 부하를 의심하는 수가 많으므로 상사의 심층심리를 읽는 기법부터 터득할 필요가 있다.

권한을 이양한다는 말은 위험하다

모든 기업은 어떻게 하면 직원을 최대로 부려먹을 것인가를 고민한다.
왜냐하면 이것이야말로 기업의 이익을 창출해내는 최대의 원천이기
때문이다. 일꾼이 남아돌아가는 시대에는 태만한 인간은 내쫓아버리면
그만이었지만, 일꾼이 대량으로 필요한 시대가 되면 이번에는 채찍과
당근이라고 하는 고전적인 관리방식을 쓰게 된다. 이른바 외적
동기부여인데, 이것은 동물을 훈련한다든지 아동을 교육하는 수법일 뿐
성인사회에서는 좀처럼 통용되지 않는다.

그래서 이 어려움을 타개하기 위해 생각해낸 것이 노동의
기계화이다. 이것은 모든 노동수단을 기계화해서 능률을 올리자는
것으로, 인간과 기계를 어떤 방식으로 조화시켜 생산성을 높일 것인가가
이 연구의 핵심이다. 따라서 선진국에서는 이에 따르는 연구가 한창이다.
어떻게 하면 노동의 기계화를 직원들이 눈치채지 못하게, 매분마다
얼마만큼의 회전을 높이면 되겠는가라는 연구다. 따라서 실제로 많은
기업이 이 방법을 채택하고 있는 중이다. 그런데도 기업의 입장에서는
이 방법도 만족스럽지 못한지 최근에는 사원들이 자발적으로 능률을
높일 수 있도록 하기 위한 효율적인 테크닉 개발에 열중하고 있다.
내적 동기부여라는 관리 목표라든가 권한 이양이라는 식의 수법을 쓰기
시작한 것이다. 기업 내의 사원들은 고도화된 기업경영의 연구대상물이
되고 있는 셈이다. 그러나 그 어느 것이든 인간심리의 약점을 파고드는

117

기발한 방법이라는 데는 변함이 없다. 즉, 자기 자신이 정당한 노동이나 능률 향상을 위해 최선을 다하는 것은 좋으나 그 이면에 무엇이 숨겨져 있는가는 알고 지낼 필요가 있다.

인간은 타인으로부터 신뢰받고 있다고 생각할 때 그 신뢰에 상응하는 만큼의 대가를 지불해야 한다는 의무감에 노력을 쏟는다. 이러한 심리를 이용한 것이 권한 이양이다. 명령으로 움직이려 했으나 뜻대로 되지 않을 때 채찍과 당근을 양손에 들고 권한을 위임하는 방법이다. 사장은 부장에게, 부장은 과장에게, 과장은 계장에게 권한의 상당 부분을 이양하면 다들 사장이나 부장이나 과장이 된 기분으로 자발적으로 일하게 된다는 것을 이 기법은 제시하고 있다. 그러나 이 같은 방법이 노동 강화의 구실에 지나지 않는다는 것을 눈치채지 못하는 직원은 없다. 또, 그 방법이 어디서, 누구에 의해 창출되었거나 도입되었는가를 모르는 직원도 없다.

하기야 중간 관리직만큼 애로가 많은 계층도 없으므로 그들의 입장을 이해하는 것도 필요하긴 하지만, 속더라도 알고 속는 것과 모르고 속는 것과는 질적인 면에서 다르다. 객관적으로 혹은 직감적으로 신용할 수 없는 상사가 권한을 이양한다고 말할 때는 반드시 조심해야 한다.

자기의 아이디어를 지키기 위해서는

되도록이면 상대에게 말을 시켜라.
그리고 자기 의견은
맨 나중에 한두 마디만 하라.

아이디어 도둑은 당신 곁에 있다

당신은 이런 경험을 한 적이 없는가?

회의석상에서 상사가 자못 신중하면서도 의기양양한 표정으로 새로운 아이디어에 대해서 설명하고 있다. 그 아이디어는 매우 획기적이고, 그 내용이나 이론이 정연해서 듣는 이에게 사뭇 깊은 호기심과 감흥을 느끼게 한다. 이 구석 저 구석에서 감탄의 소리가 들리고 고개를 끄덕이는 사원의 수도 늘어난다. 상사의 얼굴에는 만족스러운 미소가 떠오르고 억양에는 점점 힘이 들어가 회의장을 완전히 압도시키고 만다. 그런데 오직 누구 한 명만이 침착성을 잃은 채 안절부절 당황하기 시작한다. 그 이유는 무엇일까. 지금 기세등등 발표하고 있는 상사의 새 아이디어라는 것이 언젠가 그가 상사에게 건의했던 바로 그 아이디어였기 때문이다. 그런데 그 상사는 여전히 얼굴빛 하나 변하지 않은 채, 그렇다고 아이디어의 출처를 밝히는 일도 없이 제멋대로 팔아먹고 있으니 아연실색할 일이다. '아, 당했구나' 하고 생각했을 때는 이미 늦은 것이다. 그는 참다못해 상사에게 대들며 '당신이야말로 아이디어 도둑'이라고 해봤자 당사자가 인정하지 않는 한 자기만 망신을 당하고 직장생활마저 위태로워질 수 있다.

이 예에서 보듯이 아이디어 관리는 대단히 중요하다. 특히 회사나 조직 속에서는 사원끼리 주고받는 말에, 약간의 자기 의사를 덧붙여 자신의 아이디어로 만들어버리는 자가 적지 않으므로 아무 뜻 없이 하는 말일지라도 신중함이 요구된다.

기업 내에서 아이디어를 얻고자 전전긍긍하는 것은 주로 관리직에 있는 인간이다. 그들은 언제나 아이디어를 내지 않으면 안 될 입장에 있기 때문에 무엇이든 힌트를 얻기만 하면 비상한 머리 회전을 한다. 이를테면 대화 중에 "아, 그것은 나도 평소 생각하고 있었던 것일세"라는 식으로 맞장구를 쳐올 땐 말문을 닫아버리고 경계하는 것이 현명하다. 특히 제3자가 없는 단독 대화의 경우는 더욱 그렇다. 이럴 때는 소극적인 수법일진 몰라도 되도록 자기 의견을 말하지 않고 상대로 하여금 말하게 하는 것이 바람직하다. 물론 아이디어는 인간생활을 풍요롭게 하고 나라와 민족에 길잡이가 되는 것이므로 가능한 한 질 좋고 실용성 있는 아이디어를 많이 생산하는 것이 좋다.

하지만 인간이 가지고 있는 지혜와 영감으로 만들어지는 아이디어가 본인의 입을 통하지 않고 남의 입을 통해 발표되는 소위 찬탈 행위만은 지켜져야 할 권리와 책임이 있기 때문에 아이디어를 지키기 위한 노력이 있어야 한다. 모두라고 할 수는 없지만 엉큼한 상사일수록 부하의 아이디어를 훔치려 하고, 일단 훔친 아이디어는 매우 유효하게 써 먹는다는 것을 알아야 한다. 자기의 아이디어를 지키기 위해서는 '되도록이면 상대에게 말을 시켜라. 그리고 자기 의견은 맨 나중에 한두 마디만 하라'는 경구를 기억할 필요가 있다. 단순한 아이디어뿐만 아니라 깊은 연구가 필요한 논문도 마찬가지다. 지금은 세계적으로 저작권법이 확산되어 지적 재산을 법적으로 보호받을 수 있지만, 암암리에 해적판이나 표절이 횡행하고 있다. 또, 기업 내에서는 산업 스파이가 있어 오랫동안 사활을 걸고 거금을 들여 개발한 신상품에 관한 정보가 경쟁회사나 경쟁국가로 팔려 나가기도 한다.

물론 그런 행위를 하는 인간은 당연히 법적 처벌이나 중징계를 받아야 하겠지만, 그렇게 되기 전에 보안을 철저히 하는 것이 더 중요하다. 그것은 타인을 의심하라는 의미가 아니라 타인으로 하여금 범죄의 유혹에 빠지게 하는 동기를 제공하지 말라는 경계 차원에서의 이야기이다.

전원 만장일치는 절대로 좋은 것이 아니다

케네디 대통령과 그의 측근 그룹이 미국 중앙정보부의 쿠바 침공책을 받아들였다고 해서 온 세계로부터 크게 비난받은 일이 있었다. 그것은 미국이 쿠바를 침공했다고 해도 본질적으로 미국과 이 사태는 관계가 없다고 주장할 수 있다는 잘못된 가정 밑에서 출발한 계획이었다. 설령 침공 계획이 누설되었다고 해도 미국 정부는 기존의 계획을 바꾸려 하지 않았고, 그런 반면에 세계 각국이 미국을 그렇게 거세게 규탄하는 사태로 번지리라고는 생각조차 못했던 것이다.

러스크, 맥나마라, 케네디 등 미국의 양심과 지혜가 모였다고 하는 그룹이 끝내 잘못된 결정을 내리고, 또 그것이 잘못인 줄 알면서도 번복하지 않는 어리석음을 범했다. 집단의 무서움이 얼마나 큰지를 새삼 느끼게 하는 예다. 이 계획이 실패한 후 케네디는 "우리는 어쩌다가 이 같은 과오를 저지르고 말았는가"라고 술회했다는데, 집단의 결정에는 이 같은 함정이 숨어 있기 쉽다. 케네디의 뒤를 이은 존슨의 '화요일 내각'도 케네디와 비슷한 어리석음을 여러 번 되풀이했었다. 몇 번이나 실패하면서도 북베트남의 전화를 확대했던 것은 "우리가 힘을 행사하면 북베트남은 반드시 교섭해올 것이다"라는 잘못된 결정을 내리고, 그 잘못된 결정을 결코 바꾸려 하지 않았기 때문이다.

일반적으로 최고결정권자나 측근들은 권위의식 때문에 한 번 결정한 일에 대해서는 후퇴하지 않으려는 아집이 있다. 의지결정의 전문가 존스는 집단결정의 결함으로, 멤버 간의 관계가 밀착될수록 의견일치의 방향성이 강해지고 행동의 가능성을 사실적으로 검토하지 못하는 점을 들고 있다. 그는 이와 같은 사고의 패턴을 '집단사고'라고 부르면서 그 특징을 다음과 같이 정의했다.

① 이미 결정한 사항에 대해 집착한다.

② 리더, 동료의 사고방식에 지나치리만큼 비판을 내리지 않는다.

③ 그룹 이외의 멤버와 다른 그룹에 대해 냉정하다.

물론 모든 집단이 이 같은 집단 사고에 빠지는 것은 아니지만, 그러한 과오를 범할 가능성은 늘 존재한다. 개인이 제아무리 우수해도 일단 집단의 일원이 되어버리면 가치판단이 마비될 위험이 있다. 집단에 들어갈 예정이거나 이미 들어 있는 경우라면 이 점에 각별히 유념할 필요가 있으며, 항상 구성원인 자신에게 닥칠지도 모르는 조직의 유해를 의식해야 한다.

결국 이 같은 집단의 과오를 미리 방지하지 않으면 국가 기업이 도산하는 수가 있고 가정의 평화가 깨어지는 경우도 있다. 파멸은 최대의 비극이며, 일단 닥치면 수습 또한 어렵게 된다. 따라서 인간은 행복의 추구보다 파멸을 막기 위한 대비에 힘써야 하며, 파멸은 곧 인간의 멸망과 직결된다는 점을 깊이 인식해야 한다.

직장인에게 있어
무능한 상사를 만난다는 것은

**가장 불행한 일이며
비극적인 일이다.**

3. ——————————

책임과 설득에 관하여

조직 안에서 말은
소리로 표현되었을 때만이
말이 아니라

**소리로 표현되지 않았을 때도
말이다.**

자리가 사람을 만든다

점심시간, 카페에서 젊은 사원들을 모아놓고 자기가 맡고 있는 일이나 지난날의 실적에 대해 자랑을 하고 있는 중년 관리자를 볼 때가 있다. 이야기를 들어보면 대단한 수완가인 것처럼 느껴지기도 하고, 젊은 사원 중에 존경과 선망의 눈길을 보내는 이도 있다. 그러나 사실은 지나간 추억 회고나 과거 성공담에 열을 올리는 상사일수록 현실에서는 욕구불만 상태인 경우가 많다. 이런 중년 관리자는 알고 보면 승진 기회를 놓쳤거나, 변해가는 시대 상황에 적응하지 못했던 지난날의 쓰라림을 적당히 미화하고 있을 뿐이다. 인간에게는 외부의 여러 압력으로 욕구불만에 빠져 있을 때, 자신을 과거로 환원시킴으로써 그 중압감을 감소시키려는 정신적 메커니즘이 있다.

프로이트는 이것을 퇴행 현상이라고 했다. 어린아이의 경우 동생이 생겨 어머니의 관심이 동생 쪽으로 옮겨갔을 때, 공연히 투정을 부리거나 잠자리에서 오줌을 싸는 등 안 하던 행동을 하는 것이 바로 전형적인 퇴행 현상이다. 어른의 경우도 과거로 도피라든지, 원시적인 공격 태도, 거부 반응 등 여러 유형의 인간관계를 맺으며 타인과 어울리기를 기피하는 일, 동정 또는 보호를 기대하는 심리, 범죄 또는 반사회적인 행위자를 예찬하는 따위의 행동을 하는데 이것들 모두 퇴행 심리의 결과다. 특히, 대규모 조세 사건을 놓고 대도, 의적을 운운하는 것이나 보험금을 타서 빚을 갚겠다고 남편을 독살시키고 자식까지 끌어들이는 사건에서 나는 두려운 사회적 퇴행 심리를 느낀다.

그런가 하면 실수인 척하면서 상사의 자리에 앉는다든지, 출세
경쟁에서 한 걸음 앞선 동료의 이름을 현재의 직함으로 부르기 보다는
옛날 직함을 그대로 부르는 따위의 행위도 '퇴행 심리'의 소산이다. 이와
같은 직원을 그가 원하는 자리에 앉힌다면 적재로서 그 능력을 십분
발휘할 수 있는가 하는 문제에 대해 긍정적인 견해와 부정적인 견해가
있다. 두 견해는 될 수 있다와 될 수 없다의 판단에서 기인한다. 그러나
그가 주어진 자리에 앉아서 그 자리의 책임자답게 처신한다면 긍정적인
견해대로 될 수도 있다. 건강한 듯이 행동하면 실제로 건강해지는 수가
있고 건강이 좋지 않은 듯이 행세하면 실제로 환자와 같이 보이는 것이
인간이기 때문이다.

미국의 한 군사연구소에서 하사관의 흉내를 내게 한 병사와
그렇지 않은 병사를 비교했는데 하사관의 흉내를 내게 한 병사 가운데서
실제로 하사관이 된 일이 많았다는 유명한 보고가 있다. 즉, 인간이란
어떤 역할을 부여하면 생각하는 방법이나 느끼는 감각, 행동 방향까지도
그 역할에 의해 영향을 받는다. 이것은 일종의 자기 과시 효과이면서
마음 가지기에 따라서 인간은 변화될 수 있다는 예를 여실히 보여준다.
이렇게 보면 적재適材라는 것은 태어날 때부터 타고나는 것이 아니라
적소適所에 의해서 만들어지는 것임을 알 수 있다. 오랫동안 과장으로
있던 이가 부장이 되고 나서 뽐내는 것은 그 지위가 그렇게 만드는 것이지
결코 인간이 달라졌기 때문은 아니다. 인간은 환경에 약한 동물임을
새겨두어야 한다.

격려나 응원이 독(毒)이 될 때

어떤 회사에서 젊은 사원이 우연치 않은 기회에 상사로부터 인정을 받아 이례적으로 중요한 직책에 임명되었다. 본인으로서는 고맙기도 하고 의기도 양양해져서 열심히 일을 시작했는데 얼마 안 가서 업무상 커다란 실수를 저지르고 말았다. 그는 크게 충격 받고 의기소침해져서 퇴직 문제까지 생각하게 됐는데 상사는 물론 주위 동료들이 따뜻하게 위로하고 격려해주었다. 그는 크게 용기를 내서 지난날의 실수를 만회하려고 안간힘을 다했지만 결과는 별로 좋지 못했다. 그러다 보니 심적 부담이 누적되어 급기야 노이로제에 걸리고 말았다.

이 이야기를 듣고 당신은 어떤 생각이 드는가? 일에는 실수라는 것이 따라다니게 마련이다. 그렇지만 아무리 주위에서 관용을 베풀고 따뜻하게 격려해준다 해도 그 기대에 부응하지 못하면 능력의 한계라고 생각하는 것이 대부분의 견해다. 실패는 성공의 어머니라고 했듯이 실패를 통해서 성장하려는 노력이 중요하다. 그렇지만 그 실수가 지나치게 컸다든지 그 실수로 인해 회사에 상당한 피해를 주게 됐다면 이야기는 달라진다.

실수의 늪에서 헤어나지 못한 채 나중에는 좌천되거나 견책당하면 그로서는 더는 참을 수 없게 될 것이다. 그리고 그를 발탁해준 상사로서도 여간 안타까운 일이 아닐 수 없다. 할 말이 있다면 다시 한

번 용기를 내서 다시 뛰도록 하라는 격려뿐이다. 그러나 이것은 위험한 일이다. 이와 같은 상태에서는 격려나 위로가 되레 그의 책임을 무겁게 할 뿐 아니라 초조와 불안이 겹쳐 마침내는 자신을 상실하게 될 우려가 있다. 실패라고 하는 것은 방법이나 동기야 어찌 되었든 자신의 힘이 미치지 못한 때문인 것만은 분명하다. 다시 말해 목표의 설정이 너무 높았기 때문에 그 목표에 접근하지 못했다는 이야기가 되는 것이다.

많은 직장인은 자신의 실수를 이해하고 격려해주는 상사, 동료를 인정 많고 그릇이 크다고 받아들이곤 한다. 확실히 그렇게 보는 것도 잘못된 견해는 아니다. 그러나 실제로 타인이 인정하고 자기 자신도 인정할 수밖에 없는 실수를 저지른 이상에는 그 잘못에 대해 책망을 듣는 것이 마음 편하다. 엎지른 물을 주워 담을 수 없듯이 한 번 실수는 어쨌든 돌이킬 수 없는 것임을 명심해야 한다.

조직은 외부의 적으로 강해진다

동양권에서는 인화의 문화나 윤리가 강조되고 이것 없이는 살지 못하는 것으로까지 생각한다. 살기 위해서는 인화가 중요한 것은 틀림없다. 인화야말로 집단의 결속을 강화하고 집단의 생산성을 높이는 요인이 된다고 생각하는 인간이 많기 때문이다. 그러나 집단의 결속을 높이는 것이 반드시 인화만의 힘은 아니다. 오히려 외부로부터의 압력이나 경쟁집단이 존재할 때 그 영향은 더 크다.

미국의 심리학자 슈엘프는 캠핑에 참가한 소년들을 대상으로 한 실험을 했다. 이 실험을 통해 경쟁 집단이 생기면 소속 내부의 결속력이 월등히 높아진다는 것을 입증했다. 우선 소년들에게 좋아하는 애, 싫어하는 애를 선택하게 한 후 좋고 싫은 멤버가 한쪽에 편중되지 않게 두 개의 그룹으로 나누었다. 다음에 이 두 그룹 사이에 여러 가지 집단 경기를 시킨 뒤 진 그룹에게는 청소당번을 시키고, 이긴 그룹에게는 간식의 양을 늘리는 등의 포상과 벌칙의 규칙을 두었다. 그 결과 두 그룹 간에 차차 상대 그룹에 대한 적의를 품게 사람의 수가 늘어났다. 그리고 적의가 높아짐에 따라 반비례적으로 우리라는 공동체 의식이 발생하여 동료 집단으로서의 결속력이 무척이나 강화되었다.

결국 이 두 집단은 다 같이 상대편에게 이겨야겠다는 하나의 목표 때문에 모든 멤버가 헌신적으로 움직이게 된 것이다. 이러한 심리적 메커니즘을 극한적으로 확대한 예가 국가 간의 전쟁 상태일 때 국민의 전의, 즉 사기 앙양이다. 자신이 속한 나라의 위기에 애국심이 싹트고 민족 단결이 강해지는 것은 단순한 위기가 아니라 구체적으로 적국이라는 상대가 있기 때문이다. 기업에서도 내부의 결속을 높이고 생산성을 높이기 위한 작전으로 이 원리가 응용되고 있다.

같은 업종의 경합 회사를 가상적으로 만들어놓고 따라잡으라며 직원들에게 자극을 주는 방법으로 집단의 역학구도를 이용한 인간 컨트롤이 행해지고 있다. 인간은 평화가 지속되고 경쟁 상대가 없다면 나태해지게 마련이다. 역사에서 대로마제국이 그렇고 비잔틴 왕국이 그렇다. 일단 나태해지면 자아의 환경에 눈을 감고 마는 장님이 되고 만다. 2차 세계대전을 발발시켰다가 패망한 일본이 전후 반전 무드에 젖어 자국의 방위문제 등에 무관심한 것은 물론, 이웃 나라의 위기마저 모른 척하고 지내오다가 최근에 와서 한국의 안전이 일본의 안전에 직결된다는 자각을 시작한 것을 보더라도 경쟁이나 위협이 없는 상태가 얼마나 무서운가를 알 수 있다.

역으로 말하면 보통 때는 좀처럼 결속되지 않고 멤버 각자가 개인플레이를 일삼던 부서가 갑자기 결속력을 보이게 되는 경우가 있는데, 여기에는 그 부서에 강력한 라이벌이 생겨났든지, 아니면 철폐 문제와 같은 존망의 위기에 닥쳐 있는 경우이다. 반전이나 평화지상주의도 침략해오는 적이 없을 때의 일이지 침략을 획책하는 상대가 있는 한에는 잠꼬대에 지나지 않는다.

리더의 자질을 학벌로 결정하지 마라

학력무용론의 신선한 바람이 불어 대기업에서부터 상당한 반향을
불러일으켰던 일이 있었다. 그때 많은 이들이 참으로 합당한 문제
제기라고 환영의 뜻을 나타냈고, 이제야 기업 내에 편중되어 있는
학력주의가 개선되어 참된 인재의 적재 적소주의가 정착하겠구나라는
기대를 걸었었다. 그러나 유감스럽게도 바람은 그야말로 소슬바람으로
스러져버리고 학력편중주의는 지금도 여전히 남아 있다. 일본
학력무용론의 원조 주창자인 소니의 전 사장 모리다 아키오에게는 대학에
못 들어간 자식을 가진 많은 부모들이 "귀하는 학력무용론을 실천하고
있다고 들었는데 저의 자식을 맡아주시오"라는 청탁이 끊이지 않았다.
그러나 오늘날과 같이 학력주의가 여전히 편중되고 있는 풍토 아래서는
이 문제가 쉽사리 개선될 것 같지 않다. 그렇다면 도대체 인간의 능력과
학력은 어떤 관계가 있는가?

일류대학을 졸업한 자만이 관리자로서 적합하다는 증명이 내려진
적은 아직까지 없다. 인간은 누구나 나름대로 타고난 성격과 능력이
있고 거기에 걸맞는 자리가 있다. 일류대학을 졸업한 인간일지라도 많은
직원의 윗자리에서 지휘하고 통솔하는 것보다는 혼자서 차근차근 연구에
몰두하는 것이 적합한 경우가 있는가 하면, 학력은 부족하더라도 집단의
많은 이들을 지휘, 통솔해낼 수 있는 인간도 있다.

크렛치머의 유형론 주장에 따르면 분열형 인간은 비사교적으로 주위에 무관심한 성격이 많고, 관리직보다는 전문직에 적합하다. 그들은 소극적이면서 도피적인 행동을 취하는 반면, 타인에 대해서 신랄하게 야유를 퍼붓는다든지, 때에 따라서는 끔찍한 잔인성을 보이는 경우도 있다. 뿐만 아니라 별것 아닌 일에도 망설이기만 할 뿐 좀처럼 결단을 내리지 못한다. 이런 인간을 단지 일류대학을 나왔다는 이유로 많은 이를 이끌어야 하는 리더의 자리에 놓는다면 어떻게 되겠는가?

말하자면 일류대학을 졸업한 것일 뿐 소극적이고 도피적이며, 비협동적인 성격의 상사를 모시게 된 부하직원은 큰 불행을 면치 못하게 되고, 타율적인 불행 때문에 개인의 발전에까지 지장을 받지 않는다는 보장이 없다. 따라서 기업이나 조직관리자는 이런 분열형 직원을 리더의 자리에 앉히기보다는 단독으로 일할 수 있는 자리에 옮겨주는 것이 현명하다. 반대로 사교적이고 현실적이면서 됨됨이가 서글서글한 직원은 관리직이나 협동을 요하는 자리에 밝히는 것이 적재적소의 인사관리가 될 것이다. 구체적으로 말하면, 고지식하고 깐깐한 성격이라면 재무회계 일이 적격이다. 하지만 이 같은 견해도 일반적인 성격론에 불과하기 때문에 단정하기는 어렵다.

부하 입장에서 상사를 평가할 때는 그가 어느 대학을 나왔는가에 잣대를 둘 것이 아니다. 크렛치머의 성격 분류에도 비판의 여지는 있으나, 이 점을 참고로 한다면 크게 손해볼 일은 없을 것이다. 인간은 자기 능력껏 살 권리가 있다.

능력 우선주의를 주창하는 상사일수록,
능력보다 자기에 대한 충성도를
기준으로 부하를 평가할 가능성이 있다.

**독재자가 법제도의 존엄성을
주창한다고 하지 않던가.**

모든 직원 교육은 세뇌를 목적으로 한다

아무리 완강한 용의자라도 그에게 걸려들면 자백하지 않고는 못
배긴다는 노련한 형사가 있었다. 궁금히 여긴 주변인들이 그에게 비결이
무엇이냐고 물었더니 그는 다음과 같이 대답했다. "취조를 밤중에
한다든지 담배를 못 피우게 한다든지 하면 인권유린이라고 비난하는 자도
많은데, 실제로 인간을 실컷 잠자게 하고 배불리 먹게 하면 어느 누가
범죄 사실을 털어 놓겠습니까?"

　　듣고 보면 별것 아닌 것처럼 생각되지만, 인간이란 상황이
긴박하고 정신적으로나 육체적으로 감내하기 어려워지면 자아의 핵심부에
동요가 생겨, 상대가 묻는 말에 실토하게 마련이라는 것이 그의 설명이다.
이러한 수사 방법이 인권을 존중하는 측면에서 볼 때 아무런 문제가
없다고 할 수는 없으나, 수사관으로서는 이것이 최선의 방법이라고
한다면 달리 어찌 할 수만도 없는 노릇이다. 어쨌거나 인간은 극도의
불안이나 긴장, 흥분 상태에서는 정상인 때보다 판단력을 상실하게 된다.
예를 들어 불이 났을 때 보물이라 생각하고 들고 나온 물건이 쌀자루였다
등의 촌극도 얼마든지 있다. 경황 중의 인간이란 속내를 뒤집어놓고 보면
별것이 아니다. 황급한 상황에서는 하찮은 외부의 작용에도 심리적으로
크게 영향을 받는다. 터무니없는 루머에 날뛰거나, 하고 싶지 않은 말까지
토로하는 행위도 비일비재하다.

여기에서 지적하고자 하는 것은 최근의 기업체에서 실시하고 있는 사내 교육 방침이다. 연수원 강사로 초빙되어 경험한 바로는 수강생들은 침식을 잊어버릴 만큼 열심히 교육연수 스케줄을 소화해내야 한다. 회사와 격리된 연수원에 수용되어 일상 업무와 완전히 단절된 상태에 있는 것까지는 어쩔 수 없다 하겠으나, 과대한 숙제와 문제를 부여받고 전전긍긍하는 것을 보면 이것이야말로 세뇌의 발상이 아닌가 싶어 안쓰러울 때가 있다. 이들이 정신적인 긴장 상태에 빠져 있을 때 사상 교육이나 인격 그 자체의 핵심부에 영향을 주는 함정을 파놓는 것은 그리 어려운 일이 아니다. 연수 교육을 실시하는 사측은 바로 이 약점을 노리고 있는 것이다. 증권시장의 악성 루머는 한 기업을 주저앉게도 만드는데 하물며 회사에 소속된 개인이 받는 집단교육은 말할 것도 없다.

악명 높은 공산당 세뇌 교육도 인간의 두뇌에 기존의 사상과 가치관 일체를 씻어내 전혀 새로운 인식과 가치관을 심어주려는 데 그 목적이 있다. 이런 세뇌 방법이 전혀 무가치하다고 할 수는 없다. 그러나 인간의 존엄성이라는 측면에서 보면 가혹한 부분도 있기에 자주 비판의 대상이 된다. 외부인 입장에서 교육연수를 하다 보면 평소에는 아무 생각도 없이 적당주의에 빠져 있던 상사나 임원들 가운데 전혀 딴판으로 돌변하는 경우를 만난다. 이것은 자기가 부하를 세뇌했다기보다는 그 분위기로 인해 자기 스스로가 세뇌당한 것이다. 두뇌는 세뇌된다는 사실을 생각하면 이것을 이용하려는 주최 측의 속마음도 뻔히 들여다보인다. 그런데 때로는 기업의 발전을 위해서는 그런 행위도 유익하게 작용한다는 데에 문제가 있다. 개인적 측면에서는 분명 비애일 것이다. 그러나 개인도 기업이라는 집단에 속해 있고 보면 어쩔 수 없이 따라야 한다. 이러한 갈등을 조절하는 것도 그의 능력이다.

객관성을 외칠수록 상사로서는 주관적인 인간이다

매사 객관성을 외치면서도 주관적인 인간이 많다. 연말 보너스 시기가 오면 평화롭던 직장 분위기가 갑자기 술렁인다. 보너스는 소위 능력별 차등지급으로 그해 업적과 공헌도에 따라 달라지기 때문이다. 여기서 주목해야 할 것은 이 꿍꿍거리는 마음이 보너스 액수의 많고 적음에 있지 않고, 자기와 비교 대상이 되는 타인과의 액수 차이에 기인한다는 점이다. 예를 들면, A가 100만 원의 보너스를 받았다고 한다면 A는 그 금액의 많고 적음보다는 자기와 입사연도가 같은 B가 얼마나 받았는지에 더 깊은 관심을 쏟는다. 물론 이때의 100만 원이 당시의 평균 보너스 금액에 비해서 극단적으로 낮다면 그만큼 불만이 생길 것이고, 높다면 상대적으로 만족감을 가졌을 것이다. 그러나 이러한 외적 조건을 배제하고 생각했을 때 A에게는 자기의 노력과 업적에 의해 산출된 그 금액이 100만 원이든 200만 원이든 B보다 높은가 낮은가가 문제인 것이다.

이 같은 임금의 공정/불공정의 의식은 공정이론이라고 불리는 심리학 임금론에서 상당히 깊이 연구되고 있다. 상대적 빈곤이라는 것도 이런 개념이다. 인간에게는 임금의 절대액보다 다른 동료 직원과의 비교에서 오는 공정/불공정에 관심을 가지는 경향이 있다. 그런데 이 임금의 차이를 좌우하는 요인으로 개개인이 납득하는 유형은 천차만별이다. 어떤 조사에 따르면 임금 산정에서 반드시 고려해야 한다고 생각하는 요인별 퍼센티지가 ① 맡은 일을 해내는 능력 85%, ② 일의 성과 73%, ③ 근속 연수 72%, ④ 근면성 71%, ⑤ 일의 내용 67%, ⑥ 책임의 경중 63% 등으로 대별되어 있다.

그런데 최근 기업에서 실력주의를 표방하고 이 능력에 주안을 둔 능력급 제도를 채용하고 있는 곳이 많다. 앞에서 언급한 보너스의 능력별 차등지급도 이런 흐름의 일부다. 회사원들도 이것을 희망하고 있는 형편이다. 그러나 일견 공정한 듯이 보이는 이 능력급이 사실은 애매한 문제점을 안고 있다는 사실에는 별다른 관심을 가지지 않는다. 일을 해내는 능력, 일에 대한 성과라고 하는 요인들이 확실한 객관적 기준에 의해서 처리되겠는가라는 의문이 있다. 다시 말하면 객관적인 평가가 상대적으로 주관성의 개재나 개입은 없겠는가 하는 것이다. 기준을 놓고 정하는 것도 사정을 하는 측도 인간이다 보니 사심 없이 공정을 기한다고 말은 하지만, 인간의 친분관계란 어쩔 수 없는 것이어서 본의 아니게 주관도 낄 수 있다.

극단적인 이야기일지는 모르지만 A나 B가 같은 실적을 내었지만 A의 인상이 좋다는 이유로 점수를 후하게 주는 일은 없는가 말이다. 능력 우선주의를 남달리 주창하는 상사일수록, 능력보다는 자기에 대한 충성도를 기준으로 부하를 평가할 가능성이 있다. 독재자가 법제도의 존엄성을 주창한다고 하지 않던가. 객관성을 외치는 관리자 가운데 주관성이 강한 이가 많다는 점에 주의해야 할 것이다.

솔선수범은 무언의 강요

B씨는 틈만 생기면 근처의 백화점이나 상점으로 뛰어들어가 최근에
어떤 상품이 선호도가 높은지, 어떤 색상의 양복이 유행할 것인지 등을
나름대로 관찰한다고 한다. 그의 말에 따르면 회사 일 때문에 한 일주일간
점포 순례를 하지 않으면 어딘지 모르게 시대에 뒤떨어진 기분이 들어서
못 배긴다는 것이다. 어찌 보면 괴짜같이 느껴질지 모르나, 그로서는
시대와 생활이라는 상관관계에 관심을 두고 그 나름대로 연구하고 있는
셈이다.

　그는 백화점이나 상점에 들어가면 점원들과 여러 가지 이야기를
주고받으며 점원의 태도를 관찰하는 일부터 잘 팔리는 상품이 어떤
것인지 등을 알아보곤 한다. 그런데 그는 이 과정에서 한 가지 재미있는
사실을 알게 되었는데, 점원의 접객 태도가 손님에게 상당한 영향을
끼친다는 사실이다. 손님에게 물건을 팔려고 애쓰는 열성 점원과 만나면
구경하러 들어온 게 역력했던 손님들도 작은 것 하나라도 뭔가 사는
경우가 압도적으로 많았다. 반대로 손님 응대의 태도가 좋지 않거나
성의가 없는 점원들은 충분히 팔 수 있었던 물건도 팔지 못할 뿐더러
손님에게 불쾌감을 준 채로 돌아가게 한 경우를 수없이 목격했다고 한다.

　이렇게 인간의 태도는 그대로 상대방에게 전염되어 상대의
태도를 바꾸어놓는 힘을 가진다. 특히 신뢰감이 엿보이고 성실한 태도일

때는 그 전염 속도가 빠르게 진행되는 것도 목격됐다. 줄곧 지각하는 사원의 지각하는 버릇을 고치게 하려면 잔소리나 경고만 할 것이 아니라, 상사가 보다 빨리 출근하면 그 사원도 지각을 할 수 없게 된다. 그러나 이러한 상사의 행위가 의도적이라는 것이 드러나면 역효과를 나타낼 수도 있으므로 태도가 자연스러워야 전염의 속도가 가속된다.

이 같은 이치로 태만한 부하직원으로 하여금 일에 열의를 가지게 하려면 상사가 더 열심히 일하면 되는데, 이 방법에도 문제가 아주 없지는 않다. 상사가 지나치게 극성을 떨면 부하들은 거부반응을 나타내고 마침내는 배척하는 태도를 취하게 되는 수가 있기 때문이다. 결국 직장인의 태도란 본의든 아니든 간에 타인에게 영향을 주는 것이므로 바른 태도를 보이는 것이 중요하다. B회사의 과장은 천성 탓도 있겠지만 솔선수범의 모습으로 부하 통솔에 성공했다. 그러나 과도한 통솔로 나중엔 문제가 되어 마침내는 과반수 직원들의 반감을 이겨내지 못하고 스스로 퇴사하는 수밖에 없었다.

많은 기업과 조직의 임원들이 이 수법을 즐겨 이용하고 있는데, 사실 이것은 부하에 대한 무언의 강요라고 해도 과언이 아니다. 조직 안에서 말은 소리로 표현되었을 때만이 말이 아니라 소리로 표현되지 않았을 때도 말이다.

오늘날 조직 관리자들은
젊은이들을 어떻게 복종시킬지
고민할 것이 아니라,

**이들이 어떻게 조직과 함께 살아갈 수 있게
해줄 것인가를 고민해야 한다.**

노동 강도를 높일 때 그 점을 들키지 않는 게 관건이다

어느 교사로부터 들은 이야기다. 과제를 한꺼번에 100가지를 내주고 일주일 안에 해오라고 했더니 약 20퍼센트의 학생은 이러쿵저러쿵 이유를 달면서 해오지 않더라는 것이다. 그런데 같은 문제를 매일 20문제씩 나누어 내주었더니 실제로는 문제의 수가 늘어났는데도 과제를 해오지 않은 학생의 수가 반으로 줄었다고 한다.

이 이야기를 듣고 어떤 정신병원의 환자에 대한 실험의 예를 떠올리게 되었다. 이 실험은 작업을 부여하는 방법과 능률의 관계를 알아보기 위한 것으로, A 그룹의 환자에게는 한꺼번에 많은 양의 젖은 타월을 주어 물기를 짜도록 하고, B 그룹의 환자들에게는 적은 양의 타월을 일정 분량으로 나누어주고 같이 짜도록 지시했다. 그러자 A 그룹은 전혀 일에 의욕을 나타내지 않았는데 반해, B 그룹은 온종일 싫증을 내지 않고 작업을 계속하는 것을 확인할 수 있었다. 이 실험은 일정한 리듬을 가지게 한 후 작업을 강화하면 작업량에 개의치 않고 열심히 일을 계속하지만, 한꺼번에 많은 작업량을 주어 구성원이 작업 강도를 눈치채면 일할 의욕을 상실한다는 것을 입증했다.

작업량이 많아진 것을 눈치채지 못하도록 하려면 많은 작업량을 한번에 부여할 것이 아니라, 나누어 부여하는 것이 훨씬 효과적이고 능률적이라는 결론인데, 가사일에서도 세탁물을 주말에 몰아서 하지 않고 매일같이 세탁하는 것이 청결 유지에 더 나은 것도 같은 예다. 또 다른 예로는 초·중·고등학교의 학생들이 여름, 또는 겨울방학 때 비록 적은 양일지라도 매일같이 숙제를 하고 있는 것도 지금 하지 않으면 방학이 끝날 때 어떻게 되겠는가를 본능적으로 자각한 행위라고 할 수 있다.

인간은 자발적으로 하지 않으면 안 될 일을 마음에 들지 않는 일이라 할지라도 스스로가 불연속적으로 부여해가면서 처리한다. 직장 안에서의 일도 대개 일방적으로 부여되는 것이지만, 그 일을 연속적 혹은 대량적으로 부여하기보다는 불연속적 또는 소량적으로 부여하면 실제로 작업량이 증가됐는데도 큰 불평 없이 해낸다. 선진국에서 먼저 시행한 5일 근무제가 도입되어 이제 우리도 일주일에 이틀은 쉬고 있다. 그렇다고 해서 노동자들의 작업량이 줄었느냐 하면 외려 더 늘어났다고 한다. 이 제도는 하루를 더 쉬게 함으로써 불연속적인 감각을 심어놓고, 실제로는 일을 더 시키기 위한 고도화된 노동력 관리제도이다. 부하직원을 잘 다루는 관리자는 이 심리법칙을 익히 알고 있기 때문에 결코 일시에 대량의 작업량을 맡기지 않고 소량씩 부여하는 테크닉을 교묘히 구사한다. 그러나 반대로 인간 관리가 미숙한 관리자는 한꺼번에 대량의 작업량을 부여하여 부하들로부터 원망을 사고 능률도 저하시키는 우를 범하고 만다. 전자의 방법과 후자의 방법을 통해 반성해야 할 것은 인간은 무리한 것, 무모한 것보다는 합리적인 것을 좋아한다는 사실이다.

형식에 치우칠수록 위험도가 올라간다

업무상으로 기업체 공장을 다니다 보면 내부에 '부주의는 1초, 부상은 한평생' 같은 안전 표어가 걸려 있는 것을 본다. 그런데 이 요긴한 표어판이 공장 매연에 그을려 있거나 먼지로 뒤덮여 겨우 읽을 수 있는 상태인 것들이 있다. 나는 이렇게 더럽혀진 표어판을 볼 때마다 이곳 공장은 의외로 사고나 재해가 많지 않을까 마음속으로 궁금해지곤 한다. 표어를 붙인 이상 그것은 언제나 선명하게, 공장 내 모든 근로자의 눈길을 끌 수 있는 적절한 위치에 명확하게 걸려 있어야 한다. 안전 표어는 모든 이의 신변상의 위험을 환기시키기 위해 마련된 것이다. 그런데 이 중요한 목표와 목적이 한낱 형식에 그치고 만다면 그 자체가 방심을 유발하여 위험을 자초하게 된다. 또 하나 흔히 볼 수 있는 실례로 수험생들이 '하루 100단어 암기 달성' 등의 거창한 표어를 책상 앞에 써 붙이는 경우가 있는데, 이거야말로 표어의 의미를 착각한 경우로 이 같은 행위를 착각을 응용한 불안해소법이라 한다.

날이 갈수록 공장 노동은 극단적으로 단조로워지고 있다. 기계 자동화 때문이다. 반면에 생명의 위험은 순간순간 늘어가는 추세다. 표면적으로 보면 단조로운 작업장이 사고나 재해율이 적을 것으로 생각될지 모르지만 사실은 그렇지 않다. 자동 기계가 복잡하고 힘든 일을 해주기 때문에 사고가 적을 것으로 생각되지만 바로 그런 생각이 사고의 시작이다. 일이 단조로울수록 인간은 실수의 위험으로 더 가까이 접근해가게 되기 때문이다. 위험도가 높은 작업장에서는 매일, 매시, 매초마다 긴장하고 있기 때문에 생각보다 사고가 적지만 반대로 안전성이 높은 직장일수록 관리자가 방심하기 쉬워서 뜻밖의 사고가 자주 일어난다. 바로 여기에 인간심리의 허점이 있다. 나이가 어리고 경험이 적은 직원보다 나이가 들고 경험도 않은 직원이 심리적 허점에 더 노출되어 있다. 매일같이 지하철, 버스를 타고 통학하는 학생에게 "손잡이를 꼭 잡지 않고 있으면 다치는 수가 많아요"라고 일러두면 아이들은 온갖 신경을 손잡이에 집중시키게 된다. 이것은 아이의 정신구조가 단순하기 때문이기도 하지만 구조적으로 몸과 마음의 긴장이 일치하기 때문이다. 그러나 성인이 되면 이 양자가 분리되어 아무리 행동을 긴장시키려 해도 심리적으로 이에 따르지 못한다.

어느 직장이든 아침 회의에서 부하에게 거친 말투로 호령하고, 그 달의 목표를 부서 벽에 크게 써붙여야 직성이 풀리는 유형의 상사가 있다. 그는 이 같은 행위를 취한 것만으로 자기의 의도하는 바가 실현될 것으로 기대하고 있지만, 어린아이도 아니고 같은 성인들끼리 모여 있는 직장에서 부하직원은 심리적으로 그의 강요에 따르지 않게 되어 있다. 도리어 속으로 '지난달에도 한 소리를 이달에도 반복하는군' 하고 콧방귀를 뀌고 만다. 부하를 어린아이 취급하는 상사일수록 현실을 모르는 것이다. 호령이나 강요는 상대를 당장 그 자리에서는 움직이게 할 수 있지만 근본적으로 마음의 뿌리까지는 움직이게 하지 못한다. 또, 마음이 따라주지 않는 행동은 결코 오래 가지 못한다.

비판적인 상사가 오히려 신뢰할 수 있다

'단절의 시대'라는 말이 생겨난 지도 꽤 오래됐다. 그런데 오늘까지 이 단절을 메우려는 수많은 시도를 거듭하고 있지만 상호 불이해 또한 끊임없이 계속되고 있다. 얼마 전에 대담 프로그램에서 겪었던 일이다. 이날의 방송 내용은 기성세대와 청년세대와의 대화였다. 출연한 대학생들은 대학 근처에서 무작위로 선발되어 대담에 임했다. 그런데 대담이 시작되기가 무섭게 나이가 지긋한 어느 게스트가 대뜸 "이 멍청이 같은 녀석들아! 그 꼴을 하고서도 대학생이냐?"는 식의 호통이 떨어져 나와 몇몇 참석자는 할 말도 못하고 돌아오고 말았다.

어느 대학 축제에서는 다음과 같은 일이 있었다. 이 축제는 우선 핏물이 흥건한 소머리 몇 개를 운동장 한가운데에 놓고, 이른바 젊은이의 심벌이라고 불리는 650의 오토바이를 탄 한 패거리의 대학생들이 맹렬한 속도로 빙빙 도는 것으로 시작되는데, 이 광란에 가까운 질주가 고조에 달하자 장작더미에 불이 붙여지고 거기에 살아 있는 돼지 한 마리가 불 속으로 끌려 들어가는 것이었다. 발목과 목이 끈으로 꽁꽁 묶인 돼지는 고래고래 소리를 지르며 그 사슬에서 풀려 나오려고 사력을 다하는데, 학생들은 이 처참한 광경에 오히려 흥을 돋우고 괴성을 지르며 좋아했다. 이렇게 얼마 있다가 돼지는 불에 구워져 예리한 칼에 의해 목이 잘려지고 한 생명의 소멸에 환호성까지 올리며 좋아하는 이상 현상이 전개되었다.

의식은 이것으로 그치지 않고 목이 잘려진 돼지는 곧바로 바비큐 요리가
되어 모였던 학생들의 입에 들어가기 위해 산산조각이 나고 말았다.
이 끔찍한 대학 축제가 도시 한복판에서 일어나고 있었다니 믿어질
법이나 한 일인가! 그런데 이 대학 축제를 주도한 학생들에게 그 까닭을
물었더니, 뭐라고 표현할 수 없는 현대사회에 대한 불만을 이 같은
형식으로 표현했을 뿐이라는 것이다. 나는 이 이야기를 전해 듣고 도저히
이해할 수 없는 벽과 마주친 것 같은 침통한 마음이 들었다. 뿐만 아니라
학교나 기업, 가정에서까지 이해하기 어려운 젊은이들의 행동이 점차
늘어나는 것은 누구도 부정할 수 없는 사실이다.

　　　　노인들은 하나같이 젊은이들의 의식과 행동을 이해하려 애쓰고
있지만, 어떤 때는 이 절망적인 단절감을 맛보고 난 뒤에는 현시대를
저주하곤 한다. 그러나 냉정하게 생각해보면 기성세대의 노력이나 시도가
본시부터 의미가 없는 것이었다. 앞에서 말한 TV 프로그램에서 느낀
바이지만 현대사회는 기성세대와 젊은 세대와의 사이에 많은 심리적
거리감이 생겨나고 있다. 그렇다면 젊은이를 진정 이해하는 상사란 어떤
존재인가? 젊은 사원을 이해하는 듯이 입에 발린 소리만 하는 것보다는
차라리 젊은이에 대해 비판하는 쪽이 외려 젊은 세대를 한결 이해한다고
보아도 될 것이다. 세대 간의 교류는 대화라는 교량이 있어야 원활하게
소통된다. 그러므로 대화의 단절은 세대 간의 단절로 이어지고, 세대 간의
단절은 사회의 불협화음이 되어 우리 모두를 불행의 늪으로 빠지게 한다.
불행을 사전에 예방하기 위해서는 진정성 있는 대화가 필요하다.

밑으로 강할수록 위에는 약하다

회사나 조직의 명령이 위로부터 아래로 전달되는 과정에서 강제력이 강화됨으로써 부하를 괴롭히는 사례가 많다. 예를 들어, 사장이 "여보게, 이 일을 잘 해볼 수는 없겠는가. 조금만 힘을 들이면 될 것 같기도 한데 말일세"라고 큰 부담 없이 부장에게 말한다. 그런데 부장은 사장의 말이라면 무슨 수를 써서라도 해내야 한다고 믿은 나머지 사장의 말에 자기의 의사를 곁들여 "어떻게 해서든지 성취되도록 해주게"라고 과장에게 명령한다. 그러면 과장은 대리에게 "이 일을 못 해내면 회사가 위기에 직면한다. 어떤 일이 있더라도 꼭 성공시켜야 하네"라고 엄청난 명령을 내린다. 이 같은 경로를 거치다 보면 단순한 의뢰가 명령으로 변하고 그 명령은 밑으로 내려갈수록 절대성을 띠게 된다.

최악의 경우를 가정한다면 말단 평사원한테 이 명령이 도달되었을 즈음에는 "이것이 잘못되었을 적에는 회사를 그만두어야 하네"로 변질되기도 해서 심각한 지경에 이른다. 중간 관리자는 상사의 명령이라면 지상의 과제로 받아들이는 속성이 있기 때문에 사장이 한 말이 무리하다고 생각되거나 무의미하다고 판단되더라도 거기에 감히 역행하려 들지 못한다. 뿐만 아니라 상부에 대한 승복이랄까 양보하는 마음이 부하직원에 대한 압력으로 전환된다. 그렇게 되면 당하는 쪽은 부하들이다. "해내지 못하면 회사를 그만두라"는 말을 듣고 보면 문자 그대로 회사를 그만두든지 무의미한 줄을 알면서도 진행을 하든지 둘

중에 하나를 택할 수밖에 없게 된다.

이 같은 명령의 증폭작용은 집단이 불안한 심리상태에 빠졌을 때 발생하는 유언비어와 같은 것이다. 정보가 부족하거나 상황 판단을 할 수 없게 되었을 때 외부인으로부터 전해 듣는 정보가 과장되어 점점 집단 전체를 위험한 상황에 빠지게 하는 것, 바로 이것이 공포의 무기, 무형의 폭탄인 유언비어이다. 일본 니가타 지진 때 "강한 지진이 다시 오지 않을까?" 하고 걱정삼아 한 말이 "더 무서운 지진이 온다"라고 와전되어 시민사회를 뒤흔든 일이 있었다. 이렇게 유언비어의 위력은 실로 대단하다. 이같이 다른 이의 입을 거쳐 전달되는 정보는 불확정이 단정으로, 의문이 긍정으로 변하는 성격이 있다.

그런가 하면 경우에 따라서는 정보를 받아들이는 측이 희망적인 해석을 첨가해서 퍼뜨리는 수도 있지만, 대개의 경우는 과장되는 게 통상이다. 반면에 밑에서 위로 전달되는 정보도 상부의 판단을 흐리게 하는 경우가 많다. "최근 영업 이익이 하락해서 걱정입니다. 만약에 이 상태가 지속된다면 회사는 위기에 직면할 것입니다." 부하가 이렇게 충고해도 상사는 그대로 임원에게 전하지 않는다. "최근 매출은 떨어지긴 했지만 크게 걱정할 것은 없습니다"라고 말한다. 결국 사장한테 도달되었을 때에는 "잘 되어가고 있습니다"로 변해버린다. 이렇게 보면 부하직원에게 고압적이고 못 살게 구는 상사일수록 자신의 윗사람에게는 약한 존재인 경우가 많다.

부하의 심리를 미리 읽고
교묘한 질문을 던져 자기가 바라는 대답이
먼저 나오도록 유도하는

지능적인 상사는 어디에나 있다.

설득하다 보면 자신이 설득당한다

경영의 세계에서는 목표 관리라는 말이 자주 등장한다. 무턱대고
노력하라고 야단법석만 떨지 말고 동기부여를 통해 부하가 자발적으로
그 목표에 도달하게끔 하는 것이 목표 관리에 있어서 최상의 방법이다.
따라서 관리자로서는 목표 의식을 명심하지 않으면 안 된다.

거의 모든 회사에서는 목표라는 말을 사용하고 있다. 즉, '금월의
판매 목표 1천만 대 돌파!'나 '하루 30명과 계약을 맺을 것' 등 강압적인
격문이 게시판에 나붙고, 과장 이하 전 판매원은 이 목표를 향해 돌진하게
된다. 이러한 목표 설정은 직원들의 자발적인 의지를 도출시키는 것에
겨냥하고 있기 때문에 목표만 부여한 채 방치해둔다면 효과는 없게
마련이다. '왜 이달에는 1천 대를 돌파하지 않으면 안 되는가?', '1천
대를 돌파하면 회사에 얼마만큼의 이익이 생기는가?' 역으로 '1천 대를
돌파하지 못하면 어떤 사태가 일어나는가?' 등이 상층부로부터 실무
부서에까지 전달되는 게 통상이다.

그런데 이와 같은 방법으로 하위직의 실무자들을 설득시키다
보면 그 화살의 방향이 돌아와 '정말로 해내지 않으면 안 되겠구나'
하고 설득을 당하는 쪽은 상사들 자신이다. 최초에는 그 목표 자체에
반신반의했던 자신이 상대를 설득시키고 있는 중에 그 목표에 확신을
갖게 되어서 반대로 스스로 설득당하고 마는 것이다. 그러면서도 그들은

본인의 부하들을 관리하고 있다고 생각할 뿐 자신이 설득당하고 있다는 사실은 전혀 눈치채지 못한다.

매사에 자신이 없는 상사, 애써도 실적을 올리지 못하는 상사일수록 목표 관리를 자주 입에 담고 설교를 하는데, 이것은 자기 자신이 안정을 얻기 위한 심리 메커니즘이 작용하기 때문이다. 심리적인 측면에서 보면 역할연기의 일종으로서 정신요법이나 아이디어 계발 등에 자주 쓰인다. 예컨대 비행 청소년을 교정하려고 할 때 직접적으로 문제의 소년을 설득시켜 비행을 고치는 것이 아니라, 그 소년에게 제3자를 설득시키는 역할을 부여해서 문제 소년이 스스로 반성하는 기회를 갖게 함으로써 비행을 고치게 하는 방법, 즉 사이코드라마 치료법이다. 제1의 소년은 제2의 소년에 대해 "비행은 나쁜 일이며 주위에 불안과 불편을 주게 되므로 해서는 안 된다"고 설득하던 중에, 자기 자신이 그 내용을 확신하게 되어 비행을 멈춘다. 이것은 부하를 열심히 설득하다가 자기 자신이 그 논리를 믿게 되는 것과 같은 이치다. 즉, 관리당하고 있는 자가 관리자 자신이라는 말이 된다.

그런데 이 이치를 모르는, 즉 그 자신이 스스로 설득당하고 있는 줄을 모르는 관리자일수록 더욱 부하를 설득하려 든다. 그러다 보니 결국 그는 부하들로부터 경멸당하고 마침내는 자기가 설 땅을 잃는 불행을 초래하고 만다. 관리자는 직원들을 설득하려 하기에 앞서 자신의 주관과 가치관, 사물을 보는 안목을 높일 필요가 있다. 또 자기 자신이 어떤 인간인가를 먼저 알아야 한다. 자기 자신이 누구인지 모른다면 돌아올 것은 패배 외엔 아무것도 없기 때문이다.

관리자가 갖추어야 할 중요한 덕목은 아량이다. 하급자가 마음 편하게 일할 수 있도록 배려하는 아량이 있어야 업무에서 능률도 올릴 수 있고, 존경도 받게 된다. 하급자의 업무적 능력과 인간 됨됨이를 믿지 못한 나머지 사사건건 간섭하고 지도하려고 들면 하급자는 기가 꺾여 창의력을 발휘할 수 없고, 그 결과 업무능력이 저하될 것은 불을 보듯 뻔하다. 그렇게 되면 그 조직의 운명 또한 마찬가지가 된다. 관리자는 성급하거나 지나치게 아는 척해서는 그 자격이 없다.

칭찬에는 숨은 의미가 있을 수 있다

어느 회사에서 두 동료가 상사로부터 호출을 받고 각기 자기가 하고 있는 일에 대해 보고하도록 지시받았다고 하자. 이들의 보고를 듣고 난 상사가 A의 보고를 극찬했다고 했을 때 A는 상사의 평가를 솔직하게 받아들이고 기뻐해도 좋은지 한번 생각해볼 필요가 있다. 기뻐하는 것이 나쁜 것은 아니지만 단순하게 생각해서는 안 된다. 사실 이 같은 경우 상사의 진의는, A를 칭찬하기 위한 데 있지 않고 B를 질책하기 위한 데 있는 수가 많기 때문이다. 예를 들어, 최근 B의 실적이 좋지 않아 한번쯤 야단을 쳐야겠다고 생각했는데 당사자만을 불러 면박을 주기에는 개운치 않은 기분이 들어서 A를 곁들여 불러다놓은 자리에서 A를 칭찬한 것에 지나지 않는다. 결국 A가 칭찬받고 있는 동안에 B로 하여금 자기 자신의 실적에 대해 수치감을 느끼게 하고, 결과적으로 자신이 상사로부터 질책을 당했다는 것을 알게 하려는 목적이다.

이 심리는 질책할 때와 칭찬할 때에 정반대의 효과를 연출하는 수도 있다. 인간에게는 남이 질책당하면 자신이 칭찬받는 것으로 생각하는 심리가 있는데, 이 같은 현상을 심리학에서는 '암묵의 강화'라고 한다. 위의 경우는 그 원리를 의식적으로 응용한 것인데, 사실 우리들의 일상생활에도 이와 비슷한 현상을 통해 또 다른 상태를 깨우치게 하는 일이 얼마든지 있다. 같은 학급의 친구들이 선생으로부터 질책당하면 다른 학생들은 마음속으로 '기분 좋다'는 느낌을 가짐과 동시에 '야단을 맞지 않은 것은 내가 잘했기 때문이다'라고 생각한다. 이런 일은 누구나 경험했을 것이다.

　　관리자의 입장에서 말하자면 이 '질책'과 '칭찬'의 관리 기술은 동물에게 재주를 가르칠 때 간식과 채찍을 같이 휘두르는 것처럼 외적 동기를 부여하는 가장 고전적인 방법이다. 최근에는 위의 예와 같이 심리학 분야에서도 상당한 연구가 진행되어 고도의 테크닉이 개발되고 있다. 어쨌든 단순히 '칭찬' 행위 하나만을 가지고 원하는 바를 이루는 것도 쉬운 일이 아니다. 어떤 직원을 칭찬한다는 것은 그 대상에게 이하의 성과를 염두에 두었던 경우가 많다. 쉽게 말해 '거기까지는 기대하지 않았는데 의외로 성과를 올렸다' 같은 의미다. 그러니 칭찬을 꼭 칭찬으로만 받아들일 수 없는 경우가 얼마든지 있다. 따라서 이런 의미로 분석해보면 칭찬한다는 것은 비난한다는 말을 뒤집은 거나 마찬가지라는 이야기다. 일반적으로 '칭찬'과 '질책'은 상당히 어려운 일이다. 이같이 양면성이 있기 때문이다. 하지만 사실은 직급이 올라가고 나이가 들수록 누군가 질책하거나 칭찬하는 쪽이 쉽지 누군가에게 '질책당하거나' '칭찬받기란' 어렵다.

　　이 기묘한 인간심리를 알지 못하고 칭찬받으면 좋아하고 질책 받으면 낙담하는 단세포적인 신경을 가지고서는 험난한 21세기를 뚫고 나가지 못한다. 칭찬은 가끔 비웃음의 뜻이 담겨 있고, 질책은 때로 남을 질책하기 위해 이용되는 수도 있다는 것을 명심해야 한다.

개인이 결정하지만 집단이 책임지게 된다

3월은 입학 시즌이다. 청운의 꿈을 안은 많은 학생들이 입학하면서 새로운 출발과 각오를 마음속으로 굳힌다. 대학에 몸담고 있는 나는 이 시기를 가장 의미심장하게 느끼며, 이 시기에 내가 살고 있다는 것에 무한한 행복감과 책임감도 느낀다. 교육이라는 것은 인간 완성의 수단인 동시에 방법이기 때문에 이 업에 종사한다는 것 자체에 자부심을 갖고 있기 때문이다. 어떤 대학에서나 졸업식이 가까워지면 사은회라고 해서 일종의 송별회가 벌어진다. 이런 자리에는 으레 모임을 주도하는 학생이 있어 그에게 모든 운영을 맡기는 경우가 많다. 그런데 운영을 맡은 리더가 분위기를 끊고 맺는 능력이 미숙하면 우왕좌왕한다든지, 우유부단하게 처신하다가 모임이 엉망이 되고 만다. 대개 이런 경우의 진행자는 음식을 먹기 전에 진지하게 대화를 나눌까, 아니면 먹고 난 뒤에 나눌까, 스피치의 순서는 어떻게 하면 좋을까를 일일이 물어서 결정하려는 경우가 많다.

　　옆에서 이런 모습을 보고 있노라면 정신이 아찔해질 지경이다. 전원의 의향을 어떻게 해서든지 살리려는 태도는 일견 민주적인 것처럼 보이지만, 사실은 진행자가 책임을 회피하려는 심리적 표현에 지나지 않는다. 이 같은 일은 조합과 같은 집단에서도 가끔 볼 수 있다. 이를테면 중요 문제를 교섭하는 과정에서 경과 내용을 전체에게 보고하지 않고는 결정을 보기 어려운 것이 관례로 되어 있다. 집단의 이 같은 운영 방법이 고수되는 것은, 우수한 리더는 언제나 집단 전체의 의사를 생생하게 반영하는 인간이며, 그렇게 하는 것만이 민주적이라는 생각 때문이다. 따라서 이 같은 경우 개인적 · 주관적 뉘앙스를 줄 만한 개인의 이름은 거론되지 않는다.

누가 최종적인 결정을 했는지 소수의 내부인을 제외하고는 전혀 알 수 없다. 사실 내부에는 형식적이든 실질적이든 정해진 직책이 있고 결정권을 가진 자가 있게 마련인데도 자기라고 밝히고 나서는 자는 없다. 만약 그 결정이 조합에 유리하다든지, 자기가 아니었으면 해결할 수 없었던 어려운 문제였다면 개인의 명예욕이나 능력의 과시를 위해서 내가 했노라고 나설지 모르지만, 그렇지 않은 경우는 으레 닭 잡아먹고 오리발 내놓는 식이다. 이 같은 집단은 결국 문제가 생겼을 때 책임을 수건 돌리듯이 돌려서 자기에게 닥칠지도 모르는 화근을 피하려고 애쓴다. 결국 문제는 있으되 책임자가 없는 꼴이 되고 만다. 관청이나 영리단체 등에서 의도적으로 개인의 이름을 내세우지 않고 있는 것도 알고 보면 책임의 소재를 흐리게 하려는 속셈이다.

집단은 본능적으로 동질성을 유지하려 한다

가끔 사무라이 영화에서 집단의 울타리 안에서 튕겨져 나온 낭인浪人이 가슴 후련한 활약을 하는 이야기를 본다. 집단 속에 개성을 매몰시키고 살아남으려는 무사들의 무정한 일면과 자기 생각대로 살아가려는 개성적인 무사가 대비적으로 묘사되어 있는데, 이것이 현대 직장인에게 공감을 얻고 있는 것이다. 곰곰이 생각해보면 개인이 조직이나 집단의 무거운 중압감으로 희생되는 것은 조직이나 집단의 탓만이 아니라, 거기에 속해 있는 집단 구성원 하나하나의 행동에도 문제가 있다. 예를 들면, 뽑을 수 있는 못을 전부가 달려들어 두들겨버림으로써 개성적일 수 있는 소지나 여건을 말살하고 있는 점을 들 수 있다.

한 명이 조직의 중압에 못 이겨 축출되고 나면 전부가 그렇게 되지 않고서는 마음이 놓이지 않으므로 서로가 서로를 견제한 나머지 끝내는 모두가 사라져야 겨우 안심하는 지경에 이른다. 그중에 전부가 몰락하는 것에 반대하여 "나는 그러기 싫다"고 거부하는 이가 있으면 "너는 방해물이다"고 몰아세워 그 집단에서 쫓아내고 만다. 하는 수 없이 조직을 탈출하여 의지할 곳이 없는 낭인이 되고 마는데, 일단 집단을 떠난 그는 자기 힘으로 살아갈 수밖에 없게 된다. 그런데 그를 쫓아낸 무리들은 어느 시점이 지나고 나면 쫓겨난 그를 동경하게 되고 또 자기 자신도 집단에서 해방되고 싶은 강렬한 충동을 느끼게 된다. 즉, 쫓겨난 자의 입장을 동경하게 되는 것이다.

이러한 집단의 계략을 처음으로 파헤쳐 보인 것이 유명한 미국의
호손 실험이다. 많은 심리학자들이 1927년부터 1939년에 걸쳐 일리노이
주 웨스턴 일렉트릭의 호손 공장에서 생산성을 규정하는 전반 조건을
연구했는데 그 결과 기업 경영에 있어 어떤 식으로든 공식, 비공식으로
인간관계가 중요한 역할을 하고 있었다. 그 후 기업에서 인간관계 연구가
급진적으로 이루어지기 시작했다. 이 조사에서 심리학자 메이요 등은
주목할 만한 사실로서 집단 내에서 작업량을 초과해서 일하는 자가
생겼을 때 집단 내의 구성원이 암암리에 그를 저지하고 제재를 가하려는
움직임이 있다는 것을 지적했다. 지나치게 일해도 좋지 않고, 너무 일하지
않아도 좋지 않다는 집단의 불문율이 작업능률에 중대한 영향을 미친다는
것을 밝혀낸 셈이다.

이 조사는 집단 내에 도사리고 있는 특출한 관행의 양태를
적출해내는 데 큰 공헌을 했다. 집단 내에서는 뽑힐 수 없는 못은
사정없이 두들겨 맞는다. 이런 사실을 안 일본의 대기업 소니에서는 '뽑힐
수 있는 못을 구함'이라는 명문구의 채용 광고를 내서 우수한 인재를
많이 얻은 일이 있었다. 여기에서 우리는 개인의 모임이면서도 개인과는
전혀 다른 생태를 가진 집단, 즉 회사 기구 속에 숨겨져 있는 인간 조직의
심층적인 사회 심리를 읽을 수 있는 방법을 생각하지 않을 수 없다.

전체를 위해서라는 말은 권력자를 위해서라는 말이다

흔히 말하는 불량배 조직은 상하관계가 철저한 집단의 전형이다. 이 사회에서 일어나는 일이 더러 세간의 상식에 반하고 있는 듯이 보이지만, 조직의 압력과 개인이라고 하는 관계에서 한 면만을 떼어놓고 보면 상당히 단적인 형태로 출현하는 경우가 많다. 그중의 하나가 다른 이를 대신하는 제도라는 게 있다. 거물이 경찰에 쫓기는 등 신변에 위험이 닥치면 아무런 관계도 없는 조무래기가 죄를 뒤집어쓰고 대신 감방으로 들어간다. 거물이 붙들리면 조직에 위기가 닥치고 자칫 잘못하면 조직 자체가 파멸될지도 모르기 때문에 조무래기 하나가 희생당하는 것쯤은 별것 아닌 일로 여기고 있다. 이때의 조무래기는 이를테면 속죄양이 되어 조직의 위기를 구하는 역할을 담당하는 것이다.

위기 해결을 위한 속죄양은 불량배 조직의 세계에만 존재하는 것은 아니다. 집단이 성립되면 어느 집단에서나 있다. 더군다나 속죄양이 되는 자는 그 집단에서 가장 약자인 경우가 대부분이다. 이를테면 큰 기업이나 관청 같은 데서 독직사건이 터지면 중간층의 실무자나 그 이하의 하급자가 붙들려가고 상층부의 고위 책임자들은 미꾸라지처럼 쏙 빠지는 수가 많다. 모든 사건이 다 그런 것은 아니지만 지금까지 크고 작은 사건에서 본 바에 의하면 애매한 송사리만 희생당하는 경우가 너무 많기 때문에 사법권에 대한 불신감이 커지고 있다.

이 속죄양이라는 관례는 조직이 건재하면 그만이라는 사고방식에서 발상된 것이다. 즉, 집단은 항상 강한 것이고 반영구적으로 존속해야 한다는 논리에서 기인한다. 개인은 집단이라고 하는 기구의 톱니바퀴 한 개에 지나지 않기 때문에 희생을 최소화시키자면 조무래기 하나쯤은 없애도 무방하다는 이야기다. 집단의 논리는 조직의 강대 여하 이전에, 자기 자신을 과소평가하기 쉬운 가련한 개인에게는 아무런 거부감 없이 받아들여지고 있다. 더욱이 희생된 자는 그 집단을 구하기 위해 희생했노라는 자부심과 우월의식에 도취되기까지 한다.

"모두를 위해 한번 고생해달라"는 말은 상상 외로 자부심을 크게 자극하는 기묘한 힘을 가지고 있다. 그러나 조직의 임원을 구하기 위해 다른 부하가 희생되는 시스템이 반복되는 집단이라면 결국 전원의 안전보다 상위직의 호신을 위해 봉사한 일밖에 되지 않는다. 국가의 흥망성쇠가 달린 전쟁이라면 몰라도 일개 조직을 위해 희생하는 것은 인권 문제다. 국가를 방위하는 군대조직이라면 희생할 법도 하고 그 가치를 영원히 인정받을 수 있지만, 불의를 위한 희생은 도덕적, 윤리적으로 무가치한 것에 불과하다.

하지만 때에 따라선 책임자가 속죄양이 되기도 한다. 이를테면 정치적인 책임을 지고 국회의장이 사임하는 경우가 그것이다. 그러나 이 경우에도 그 배후에는 꼭두각시를 움직이는 보스가 있다. 왜냐하면 그 국회의장도 사실은 다수의 의원들에 의해 선출됐기 때문에 그 뒤에서 그물질하는 또 다른 세력이 있기 때문이다.

결론이 나 있는 회의를 왜 자꾸 하게 되는가

서점에 가면 인사관리를 다루는 비즈니스 분야의 서적이 즐비하게 꽂혀 있다. 이런 종류의 책이 뜻밖에 잘 팔리고 있는 것을 보면 회사 관리자들이 부하를 다루는 데 얼마나 노심초사하는지 짐작할 수 있다. 예전처럼 월급이나 지위를 무기로 직원을 움직일 수 없게 된 현재로서는 남다른 방법을 찾아내든지, 아니면 현존하는 방법일지라도 환경에 맞도록 개조하지 않으면 안 되는 것이다. 그래서 모든 기업이 뭔가 새로운 방법이 없는가 싶어서 혈안이 되어 찾고 있다.

인사관리 서적을 보면 하나같이 상대에게 일의 의미나 내용을 이해시키는 것만이 최선이라고 주장하고 있는데 이 점은 매우 흥미로운 일이다. 한마디로 힘껏 엉덩이를 걷어찼는데도 움직이지 않으면 이번에는 자발적으로 일해 달라고 애원하는 수밖에 없다. 이에 따르는 테크닉 계발을 정리한 것이 소위 경영관리 서적의 정체다. 그런데 가만히 생각해보면 자발성이 타인으로부터 도출된다는 것 자체가 크게 모순이다. 자발성이란 문자 그대로 자기 의지로써 자기 마음속에서 스스로 돋아나는 것이지 다른 이에 의해 도출되거나 강제로 형성되는 것은 아니기 때문이다. 기획하는 단계에서부터 손을 대면 일 전체를 투시할 수 있고, 일의 의미를 이해하게 되어 자발적으로 한다는 것은 명확한 사실이다. 그러나 그것이 한낱 기술로 쓰이는 한, 결국은 월급이나 지위로 움직이지

165

못했던 것과 같이 직장인을 움직이는 무기는 못 된다. 이런 의미에서 보면 최근 각 기업이나 집단 속에서 성행하고 있는 미팅이나 부서 회의도 일견 참여의식을 갖게 하여 자발성을 높이는 데 도움이 될 것으로 보이지만, 사실은 개인의 의견이나 주장을 말살하기 위한 또 다른 함정에 지나지 않는다.

인간은 본디 자유를 즐기고 구속을 싫어하며 간섭에 저항하는 본능이 있는 데다가, 자기가 하고자 하는 것, 하고 싶은 것에 대한 강한 집념을 가진다. 따라서 방법에 차이가 있을 뿐 어떻게 해서라도 우리 속으로 몰아넣으려는 관리자의 속셈을 알고 있는 이상 그리 간단히 동조하거나 동화하지 않는다. 그럼에도 불구하고 관리자나 조직은 전체를 한 색깔로 만들기 위해 갖가지 계략과 투자를 아끼지 않는다. 결국 현대의 경영은 인간을 어떻게 움직이느냐, 기업이 원하는 방향으로 움직여주느냐에 신경과민 상태다. 그도 그럴 것이 인사관리가 기업의 성패를 좌우하기 때문이다. 기업들은 형태를 달리하며 그룹 미팅 등을 자주 갖고, 여기에 참가하는 직원들은 자신의 의지가 반영되리라 착각한 나머지 그것을 자발적으로 실현시키려 노력한다. 그러나 대부분, 업무의 실제 진행은 다른 곳에서 이루어지고, 미팅을 위한 미팅이었다는 것을 미처 깨닫지 못한다. 인간 본성에는 남을 이용하기를 즐기는 속성이 있다는 점을 주목할 일이다.

인화를 우선시하다가 경쟁력이 약해 진다

조직 내에서 관계를 화기애애한 분위기로 유지해가는 것을 최상으로 여기는 직원이 의외로 많다. 정기적으로 차나 같이 마시는 사교 모임이라면 모를까, 어디까지나 조직이란, 개개인의 역량과 가능성을 최대한 살려내서 회사가 목적, 뜻하는 바를 성취하기 위해 모인 집단이라는 것을 깨닫는다면 이런 안일한 생각은 못할 것이다. 내가 만났던 어느 회사의 이야기이다. 리더 이하 5~6명의 멤버가 만나면 언제나 서로를 치켜세우고 양보하고 책임을 나누어지곤 해서 표면상으로는 화합이 잘된 집단으로 보였다. 그런데 시간이 흐름에 따라 이 집단이 뭐라고 표현할 수 없는 막이 가려져 생기를 잃어가는 것을 눈치챌 수 있었다. 우선 철저하게 의논하는 일이 없다 보니 내가 먼저 하겠노라고 나서는 이가 드물었다. 결국은 서로가 사양만 하다가 적당히 타협하는 것으로 종결되곤 했다. 이렇게 서로 갈등이 표출되지 않게 양보만 하는 집단이라면 개인의 역량을 죽이고 창의성을 말살할 뿐이다.

　　그룹 트레이닝에서 집단의 발달은 권위의 의존에서 구성원 상호 관계로 옮겨지는데 구성원 간의 관계에도 다음의 세 가지가 있다.
　　첫째, 친밀해지려는 의존관계에서 탈피하여 멤버 상호관계가 원만하게 보장되는 데서 기쁨이 생기고, 상호간의 응집성도 높여갈 수 있고 밝은 분위기도 넘치게 된다.

둘째, 필요 이상으로 애써 좋은 관계를 유지하려는 위장적인 평화는 참된 상호 이해를 방해하고 끝내는 멤버 사이에 갈등이 생겨 집단은 위기에 직면하게 된다.

셋째, 멤버들은 서로의 갈등을 극복하여 감정이 적절히 처리된 상태에서 상호 비판의 유효성을 인정하게 되고 끝내는 평화를 위해 타협을 수용하는 잘못을 저지르는 우를 범한다.

이렇게 해서 의견의 상이가 내재된 채 진행되는데 이런 집단의 현실을 냉정히 직시하게 되면 때로는 잘못을 시정하는 이상적인 집단으로 탈바꿈하기도 한다.

이 연구에서 알 수 있듯이 갈등을 겁낸 나머지 타협을 일삼고 양보를 능사로 알면서 표면적 인화를 추구하는 집단은 구성원의 창의성만 감퇴시키고, 경쟁력이 약해져 타 집단과의 경쟁에서 지는 경우가 많다. 반대로 토론의 수준이 높고, 일단 옳다고 생각되는 일이면 논의과정에서 양보할 줄 모르는 적극적인 집단은 발전한다. 진실로 개개인의 연마를 통해 서로를 갈고 닦음으로써 집단의 힘도 막강해지는 경우가 이를 입증한다. 인화가 물론 회사뿐만 아니라 국가사회에서 반드시 필요하다는 점에는 이론의 여지가 없지만 정도가 문제다. 흔히 화합이 없으면 전체를 유지하기가 어렵고 발전에 저해된다고 말하지만, 그것이 진정이 아닌 마지못한 화합일 때는 대립보다도 못한 결과가 온다.

팀 분위기가 매우 좋을지라도
그들의 목표 달성은 별개의 문제다.

일을 하는 직장은
사교 클럽이나 동호회와는
다를 수밖에 없다.

경쟁심이 없는 집단은 결속력도 없다

오래된 경영 방법 중 하나인 '말과 당근론'은 인간을 돈으로 낚는다는 뜻으로 여기에는 당연히 개인 대 개인의 경쟁의식이 싹튼다. 남보다 먼저 골인하여 보다 많은 소득을 얻고자 하는 소득 우위의 심리를 이용한다는 의미다. 이 '말과 당근론'에 곁들여 인간에게는 원래 내재된 경쟁본능이라는 것이 있다. 과거의 관리사상은 이것을 최대한 이용해서 경영 실적을 올렸다. 지금도 야구나 축구 등의 프로리그 선수는 물론 영화배우나 탤런트의 계약금이 오르내리고 있는데 바로 이것이 그 전형이라 할 수 있다. 그런데 이렇게 경쟁심만 가득한 집단은 서로 반목하기 쉽고, 틈만 있으면 상대를 끌어내리려고 안간힘을 쓴다.

결국 구성원 간에 경쟁의식이 강한 집단은 적어도 결속력에서는 인화 중심의 집단보다 열등할 것이라는 생각이 지배적이었다. 그러나 나는 집단이라고 하는 생물을 그렇게 단순하게 파악하거나 단정할 것이 아니라고 본다. 한 예로 이 같은 실험이 있다. 초등학생에게 상을 균등하게 분배하는 협력반과 상을 각 개인의 성적에 따라 나누는 경쟁반으로 양분하여 게임을 시킨 뒤, 두 반 각각의 결합력을 조사하기로 했다. 게임 전후, 반 내의 개인 대 개인의 결합도를 조사해본 결과, 협력반에서는 결합도가 낮아졌고 경쟁반에서는 결합도가 높아진 것을 관찰할 수 있었다. 또, 경쟁반에서는 개인의 능력이 균등할수록 결합력이 높아진다는 것도 알아낼 수 있었다.

나는 상호간에 성적이나 실적을 조사하고 검토하여 경쟁함으로써 긴밀감이 높아지고 결속력도 향상된 학급이나 기업 내의 부서들을 여러 번 볼 수 있었는데, 바로 이런 것들이 앞에서 예증한 실험의 예가 현실로 나타난 바가 아닐까 생각한다. 결국 어떤 방법이 되었든 개개인의 상호작용이 높으면 높을수록 그 집단의 결합력은 강해지게 마련이다. 따라서 집단을 관찰하는 경우, 서로가 사양하고 양보하면서 비판이나 평가를 적극적으로 하지 않는 집단은 구성원 간의 상호작용이 약해져 있기 때문에 표면상의 인화에도 불구하고 결속력은 떨어진다고 봐야 한다. 반대로 개인 각자가 경쟁심을 가지고 서로 비판하는 집단은 대외적으로도 경쟁력이 강한 집단이라고 말할 수 있다.

결론적으로 경쟁력이 없는 집단은 진실로 똘똘 뭉쳐진 결속력이 없고, 인화만 부르짖다 보면 경쟁력은 이미 없는 거나 다름이 없다. 인간은 경쟁이 있는 곳에서 잠재능력을 포함한 모든 기량을 발휘하게 되고, 한계를 느끼는 선까지 자신을 몰아세우게 된다. 그러나 경쟁력은 경쟁할 수 있는 환경과 여건이 부합되지 않는 한 절로 생겨나지 않는 것이 특징이다. 경쟁은 곧 인생이며 인생은 곧 경쟁을 위한 한 토막의 드라마라고 해도 과언이 아니다.

집단의 힘을 개인의 힘으로 착각하기 쉽다

예나 지금이나 불량배는 근절되지 않고 있다. 별로 대단하지도 않은 깡패 중에는 '나는 OO파의 아무개다'라며 통행인을 위협한다. 하지만 위협당하는 통행인은 OO파는 무서워하지만 허튼소리를 하는 조무래기 깡패에 겁내지는 않는다. 그럼에도 불구하고 그는 자기가 대단한 강자여서 상대가 겁을 내는 것으로 판단하고 흡족해한다. 이것은 소심한 자가 갖는 심리로서 집단과 동일시하여 집단이 갖는 강력한 파워를 자기의 것으로 생각해버리는 데서 연유된 것이다. 폭동이 일어났을 때 소심한 인간들이 난동을 부리거나 잔악한 행위를 하는 것도 이 때문이다. 기업이라는 집단 속에서도 그렇지만 종교의 조직 속에서도 조직이 갖는 힘을 자신의 힘으로 착각하는 이가 많다. 흔히 종교에서 볼 수 있는데, 자신이 믿는 종교의 신도 수가 많다는 것이 자신이 마치 대단한 실력자와 같은 뜻인 듯 으스대는 경우다.

이와 반대로 이 같은 일을 수용하는 측에도 문제가 있다. '△△그룹의 부장이다'라고 말하면 세간에서는 △△그룹의 후광을 업은 당사자를 대단한 존재처럼 여긴다. 그런데 불행한 것은 행여 누가 그를 유수의 대기업 임원으로 인정했다 쳐도 그 자체를 너무나 당연한 것으로 받아들인다는 것이다.

집단은 무력한 개인을 강력한 힘을 가진 개인으로 착각하게 하는 마력을 가지고 있다. 그리고 인간이 집단 속에 들어가면 그 집단 멤버의 영향으로 실력 이상의 힘을 발휘하는 경우도 없지 않다. 예를 들어 심리학자 거어니는 다음과 같은 실험으로 이 사실을 확인했다. 빛으로 판독할 수 있는 미로를 만들어놓고 시험자들에게 연필로 바른 길을 찾아가도록 지시했다. 제일 처음 개별적으로 시킬 때는 좀처럼 바른 길을 찾아내지 못해 쩔쩔맸다. 이때 집단으로 찾게 했다. 이 같은 작업을 6회에 걸쳐 실시했는데, 혼자서 작업할 때보다 집단으로 작업할 때 월등한 향상률을 나타냈다. 그런데 일곱 번째, 그 집단의 멤버가 각기 한 명씩 하도록 했는데 이때의 결과는 최초에 개인이 단독으로 했을 때와 조금도 다르지 않은 결과가 나왔다. 여기에서 배후에 집단의 힘을 입은 개인과 단독 개인과의 힘에 차이가 있다는 사실을 알 수 있다. 결국, 일을 하는 데 있어 혼자 하는 것보다 둘이서 아니면 셋이서 하는 일이 빠르고 능률도 오른다는 이야기다.

물론 잘못된 자기 평가는 과대화뿐 아니라, 과소화의 경향을 낳기도 한다. 집단의 힘이 강하고 또 집단 내에 유능한 이가 있으면 반대로 자신이 실제 이상으로 아주 작게 여겨져 수준 이하의 약자로 생각되는 수도 있다. 그 결과 집단에서 이탈하면 안 된다고 생각한 나머지 큰 나무 밑으로 들어가게 된다. 그렇게 큰 나무 밑에 들어간 작은 나무는 더는 자라지 못하게 된다는 독소적인 심리를 모르는 것이다. 그런데 이런 유형의 사원일수록 회사 명함을 마구 뿌려대면서 호랑이의 힘을 빌리는 여우가 되기 십상이다. 이와 같은 사원이 많은 집단일수록 그 장래는 어둡고 개인의 장래 역시 마찬가지다.

'모두의 의견'만큼 조작이 많은 것도 없다

동양에서는 일반적으로 개인의 의견보다 집단의 의견이 존중되는 경우가 많다. 여럿의 뜻으로 정했다고 하는 말에는 천금의 무게가 실린다. 따라서 집단의견을 쉽사리 받아들이고 인정하는 까닭은 그것에는 구성원 모두의 의지가 반영된 것으로 판단하기 때문이다. 그래서 그것을 받아들이지 않을 때는 집단 전체로부터 받게 되는 반격과 압력에 무게가 실리게 되고 그것은 공포가 된다.

그런데 실제 집단의견이라는 것이 소수의 의견인 때가 많고 누구의 의견도 아닌 수가 있다. 이러한 메커니즘에 대해서는 앞에서 말한 바 있지만, 집단의견이 때에 따라서는 나쁘게 악용되는 경우가 있다. 예를 들어 개인의 의견이 먹혀들지 않을 때 집단의 뜻임을 내세우면 상대에게 쉽사리 먹혀 들어간다. 개인에 대한 압력도 집단의 뜻이라는 미명을 앞세워 반격하면 상대에게는 위압으로 변하고, 더욱이 집단의 뒷받침이 있는 것으로 해석되기 때문에 막강한 것으로 위장된다. 따라서 유능한 리더는 이를 이용해 자기의 목적을 달성하는 경우가 비일비재하다. 그룹의 임원이나 회사 내의 책임자들은 이 기술을 자주 효과적으로 구사한다. 그 상대는 부하에게 뿐만이 아니라 상사에게도 행사한다. 이를테면 부하 모두가 원하므로 받아들여야 한다고 속임수를 쓴다든지, 자신의 야망을 충족시키기 위해 선동 조작하는 경우다.

집단의견이라는 것은 대개 추상적인 말로 애매모호하게 마무리 지어지는 때가 많다. 보다 구체적이고 상대가 충분히 이해하고 납득할 만한 용어나 이론을 내세우지 않고 막연한 표현, 포괄적이면서 위압감이 담긴 말과 조건으로 점철되기 일쑤이다. 이때의 추상성, 바로 이것이 사실에 있어서는 정신을 홀리는 요인이 된다. 추상적인 말은 자유롭게 이렇게 저렇게 해석할 수 있기 때문이다. 따라서 해석 여하에 따라 자기 형편에 맞게 들을 수도 있고, 상대는 상대 나름대로 자기 편한 대로 받아들일 수가 있다.

이 경우 특히 재미있는 것은 자기 뜻으로 개조해버린 집단 의견을 상대가 그대로 받아들여주면 더 바랄 것이 없지만, 형편이 좋지 않게 받아들여지거나 저항이 있을 때는 다시 집단의견임을 들먹여 해석을 바꾸도록 강요하기도 한다. 이렇게 집단의견은 지극히 추상적이기도 하지만, 작용면에서도 일정한 방향이나 목표가 없이 자유자재성이 깃들어 있다. 흔히 군중집회의 경우, 군중 모두의, 아니면 관계자 전부의 뜻인 것처럼 구호를 외치다가 격렬한 결의문 같은 것을 채택하는데 이것은 전체의 뜻이라기보다는 한 실무자가 책상 앞에서 만들어낸 사안私案에 불과한 경우가 많다. 여기까지 알고 보면 집단의견이라는 것만큼 모호한 것도 없으며, 자칫 도용당할 우려가 있음을 알아야 한다. 집단 내에 있는 인간들은 집단의견이라는 것을 경계할 필요가 있으며 전체의 뜻임을 내세우는 집단일수록 이를 악용하고 있다는 것도 명심해야 한다.

조직은 '나와 다른 것'을 솎아내는 속성이 있다

이런 실험이 있었다. 어떤 집단의 멤버를 피실험자로 하고, 그중 한 명만을 이 실험의 취지를 알고 있는 이중성격의 스파이를 넣어두었다. 그리고 이 이중성격인 스파이에게 철두철미하게 동료들의 의견에 반대하는 역할을 부여해놓고 그 집단의 멤버가 어떤 반응을 나타내는가를 관찰하기로 했다. 우선 맨 먼저 일어난 것은 이중성을 띤 스파이에 대한 집중공격이었다. 그리고 시간이 경과하자 '이 이질분자를 어떻게 해서라도 설득시키자'는 쪽으로 기울었다. 집단 내의 묵시적인 흐름은 이 스파이에 집중되고 여타 문제에는 신경을 쓰지 않았다. 그러나 이중성의 스파이가 자기의 주장을 굽히지 않고 집단 멤버에 계속 반대하자, 이번엔 흐름이 180도로 달라지면서 '이 녀석을 추방하자'는 보이콧론이 제기되었다.

이 사실은 무엇을 의미하는 것인가? 어떤 집단이 성립되면 집단 내에는 표준적인 생각을 하는 이른바 그룹 스탠다드가 형성되고 그 기준을 문란하게 하려는 이질 분자가 생겨나면 집단 전체의 힘으로 그 스탠다드를 지키려는 움직임이 일어나게 된다. 이때 그 기준에 저항하거나 문란케 하는 이질분자가 쉽게 등질화되면 그 집단 속에 들어가거나 남을 수 있지만 그렇지 않으면 배제하려는 경향이 강하게 나타나게 된다. 예를 들면, 내가 근무하고 있는 대학은 국립대학의 보수적 기풍이 아직도 남아 있어서 학생의 복장이 전체적으로 칙칙하고 어두운 색감이 많다. 여기에 눈에 띄는 화려한 복장을 한 신입생이 들어오면 등질화 현상이 일어난다. 신입생은 상급생들로부터 눈총을 받게 되고 이것을 느낀 신입생은 채 반 년도 되지 않아서 상급생과 마찬가지로 칙칙하고 어두운 옷으로 갈아입고 만다.

기업 내에서도 이러한 현상이 빈번히 일어난다. 장발이나 빛깔이 있는 셔츠는 따로 명문화된 규정이 없더라도 금방 자취를 감추게 되고 출근 시간이 남달리 빠르거나 늦어도 동료들로부터 냉대, 즉 백안시당한다. 일의 능력으로 말하면 능력이 지나쳐도 안 되고 너무 뒤져도 배제의 대상이 된다. 한 개인이 능력이 있더라도 그 집단의 그룹 스탠다드를 바꾸어놓을 만큼의 지도성을 발휘한다면 모를까 그렇지 못하면 언젠가는 같은 운명에 처하게 된다. 특히 개성적이고 창의적인 인간은 객관적 업무 능력보다는 남다른 관점이 있게 마련이라 배제의 표적이 되기 쉽다. 이러한 집단의 생태를 거꾸로 보고자 한다면 그 집단에서 쫓겨나온 멤버를 보면 된다. 즉 그 멤버의 의식구조와 정반대의 것이 그 집단의 그룹 스탠다드이기 때문이다. 이로써 배제된 인간을 기준으로 문제 집단의 실상을 진단할 수 있다.

따라서 개성적인 구성원을 배제하는 집단은 비개성적일 수밖에 없고, 태만한 자가 배겨나지 못하는 집단은 근면집단이며, 유능한 사원이 이렇다 할 이유 없이 그만두는 회사는 무능한 회사라고 보아도 틀림이 없다. 인장지덕人將之德 목장지패木長之敗, 즉 인간은 훌륭한 인간 곁에 있으면 덕을 보지만 큰 나무 아래에 있는 나무는 그렇지 못하다는 옛말도 개인이 어떤 집단에 머물러야 하는가를 시사해주는 말이다.

사적 친분이 조직을 약하게 만든다

마음이 맞는 친구 사이라고 해서 반드시 사업에도 동업자가 될 수
있다고는 단정하기 어렵다. 보통 기업체나 관청 등의 기성조직 속에서
결성되는 집단은 대부분 임명장 하나로 결정되므로 개인의 의지는 그다지
반영되지 않는다. 그럼에도 불구하고 한 집단 속에는 반드시 비공식적인
소집단이 생기게 마련이다.

이때 멤버 각자나 그 그룹의 성격이 크게 달라진다. 이와 반대로
친구끼리, 동창끼리 모여서 사업을 한다든지, 조직을 만들면 의견 충돌
없이 잘 될 것으로 생각하는 경우가 많은데 과연 그럴까?

조닝스라는 학자의 연구에 따르면 보통의 일이나 학습 등의
달성 동기를 충족시키기 위한 친구와 사교 · 유흥 등의 친화 동기를
충족시키기 위한 친구는 조건이 다르다고 한다. 뉴욕 주립소년원에서
수년간에 걸쳐 조사한 바에 따르면 '같은 작업반에서 일하고 싶은 상대'와
'같이 놀고 싶은 상대'는 크게 차이가 났다. 특히 이 조사에서 주목되는
것은 '같은 작업반에 있고 싶은 상대'와 '같이 놀고 싶은 상대'가 양쪽에서
겹친 경우는 아주 적었고, '작업반'의 경우는 상대에게 선택받은 이가
훨씬 한쪽으로 편중된 데 반해서, 서로 선택한 경우는 30퍼센트에 지나지
않았다는 사실이다.

한편 놀이의 경우는 상대로부터 선택받은 멤버가 지나칠 정도로 한쪽으로 편중되지는 않았고, 서로가 서로를 택한 경우가 70퍼센트에 달했다고 한다. 만약 앞서의 예에 따라 친화 동기가 중심이던 집단을 이 연구 보고에 조명해보면 그리 높이 평가할 만한 집단이 될 수 없다. 겉보기에 팀 분위기가 매우 좋을지라도 그들의 목표 달성은 별개의 문제다. 실적을 내기 위해 모여 일을 하는 직장은 사교 클럽이나 동호회와는 성격상 다를 수밖에 없다.

　　우리는 친구들끼리 회사를 차리거나 동창 중심이 되어 단체를 만들어 인상적으로 활약하는 경우를 종종 보아왔다. 이런 유형의 단체가 반드시 유종의 미를 거두었는가 하면 그렇지 못한 때가 많다. 친구, 동창이라는 관계가 인화의 측면에서는 크게 도움이 되지만, 사업을 기획하고 실천하는 과정에서 의견까지 일치하기에는 여러 가지 걸림돌이 많다. 특히 재벌 회사의 경우 2세를 후계자로 정하는 총수가 많았다. 그렇지만 친족들을 회사에 끌어들이는 족벌체제는 가족관계를 내세워 무책임과 태만, 독직을 벌이기 쉬워서 성공보다는 실패가 많다. 따라서 사려 깊은 기업가 중에는 친족이나 형제들을 일절 끌어들이지 않는 경향이다. 오늘날 족벌회사는 더는 생존경쟁에 유리하지 못하다는 것이 하나의 정설로 되어 있다.

집단의 밀도가 높아지면 개인은 작아진다

최근 기업 내에 성행하고 있는 미팅, 집단토의라는 이름의 집단 의지 결정은 실은 집단 자체가 가지고 있는 압력에 의해 개인적인 의지를 왜곡하고 있다는 사실을 언급한 바 있다. 그런데 이 메커니즘을 너무나 잘 알고 있는 개인이 이것을 의식적으로 악용하게 되면 멤버 하나하나의 의지가 정당하게 반영된 의지 결정까지도 사실과 훨씬 빗나간 것으로 둔갑시켜놓는 경우가 생긴다. 여기에 시쳇말로 '회의꾼'이라고 말하는 회의 전문가가 구사하는 테크닉이 도사리고 있다. 그 테크닉 가운데 예를 들어, 멤버를 의장의 양쪽에 앉히게 되면 자연히 의장에게 무시당한 꼴이 되거나 발언권을 봉쇄당하게 되어 원탁 형식이나 면대면으로 진행한다. 특히 장방형의 배열이 되면 발언하기가 어렵다는 등 실로 미세한 점에 이르기까지 신경을 쓴다.

그런데 민주주의식 회의의 총본산이라고 하는 미국의 회의술에도 발언 도중에 중단하고 싶으면 동전을 마루에 떨어뜨려서 잠시 주의를 환기시키라고까지 하는 정도이니, 그들이 얼마나 상대를 존중하는가를 알 수 있게 한다. 그렇지만 전문화된 회의꾼들은 목적을 달성하고자 수단과 방법을 가리지 않는다. 그중에서도 가장 교묘히 집단의 메커니즘을 이용하는 방법은, 몇몇 패거리가 여기저기에 흩어져 앉은 뒤 타이밍을 맞춰 '찬성', '반대'를 외쳐서 전체 분위기를 이끌어가는 것이다. 그러다가 도중에 반대 의견을 내놓는 자가 있으면 그것을 무시하고 자기들 주장을 계속 내세워 결국 상대가 입을 열지 못하게 만든다.

이러한 섹트 항쟁은 학생들의 토론장이나 '회의꾼'들이 암약하는 주주총회 등에서 자주 볼 수 있는 광경이다. 그렇다면 집단 내의 개인이 왜 이처럼 형편없이 소수의 손에 의해 저지당해야 하느냐 하면, 집단 내에서 개인은 극히 작은 존재이며, 더 강한 권력자에 의해 조종된다는 심리 때문이다. 히틀러는 자신이 연설할 때, 친위대로 하여금 사방으로부터 군중을 압박시켜 군중의 밀도를 높여놓은 뒤, 화려한 유니폼을 입고 등장하는 식의 연출로 집단의 감정과 의지를 조종했다. 군중의 밀도가 높아지면 그만큼 개인이 희소해지고, 강한 개성을 가진 소수가 전체를 조종하는 데 불편이 없어진다. 호랑이도 토끼가 압도적으로 많은 곳에 있게 되면 기가 죽는 것처럼 다수, 그것도 강한 다수 속의 소수라는 것은 너무나 미약하고 미미한 존재다. 따라서 집단토의라고 하는 미명 아래 참석자가 많은 가운데 열리는 회의, 부서 회의, 사원총회와 같은 대단위 회의 뒷면에는 이같이 눈에 보이지 않는 힘이 작용하고 있다는 것을 알아둘 필요가 있다.

마지막으로 발언하는 자가 대세를 좌우한다

회의라든지 미팅에 의한 집단의 함정에는 또 하나 간과할 수 없는 중요한 것이 있다. 그것은 토의가 진행되고 거의 의견이 정리될 무렵에 최후로 발언한 이의 의견이 그 집단 전체의 의견을 좌우하기 쉽다.

예를 들면, 회의가 길어진 끝에 차차 논의가 마무리되어 가려고 할 때 토의 전체의 흐름을 제시한 후에 잡다하게 산발했던 의견을 정리하고 그 득실을 하나씩 따져가면서 이때 자기 의견을 정연하게 내세우면 그의 의견이 채택되는 경우가 종종 있다. 이 현상은 집단의 원리를 말하기 전에 '기억의 실험' 등에서 나타내는 인상의 강도 여하에 관계되는 것이다. 같은 계열을 이룬 무의미한 말들을 묶어서 제시하면 그중 최초의 부분과 최후의 부분이 강하게 인상에 남는다. 인간의 기억력에는 한계가 있고 특별한 관심을 가지고 기억하려 하지 않는 이상 전부를 기억하기란 어렵기 때문이다. 토론에서도 이와 같은 원리의 현상이 일어나, 최후의 발언이 강하게 인상에 남게 되는 것이다.

이 같은 심리 메커니즘에 첨가해서, 집단의 토의에서는 회의가 진행됨에 따라 참석자가 모두 정신적 · 육체적으로 피로해지고 사고력도 감퇴하게 되어 타인의 암시에 빠지는 피암시 현상이 높아지게 마련이다. 거기에다 최후의 발언자가 앞서 언급한 것처럼 총괄적으로 의견을 정리하여 득실을 조목조목 따져 가면서 자신의 의견을 말하면, 그야말로 가장 민주적인 결론을 내리는 것과 같이 착각해버리고 만다.

더욱이 최후의 발언자는 대개, 지금까지 별로 발언을 하지 않았거나 침묵만을 지켜온 경우가 많아서 그 말에 힘이 들어가게 된다. 때문에 이 같은 발언자가 등장하면 참석자 전원의 시선이 집중되고, 그만큼 인상도 강해진다. 집단 토의에서 공통되는 일이지만 이 같은 과정을 통해 제출되는 집단의 의지를 참석자들은 마치 자기의 의지가 십분 반영된 것처럼 받아들여 하등의 불만을 품지 않는다.

이러한 이유 중에 가장 특징적인 것은 이 경우 토의 시간이 상당히 계속된 뒤의 일이라는 것과 최후의 발언자가 마치 민주적인 태도를 취하는 듯이 애쓴다는 점이다. 또 하나는 장시간에 걸친 토의에서는 한 명 한 명이 자기 나름대로의 의견을 충분히 말하고 난 뒤였다는 점도 간과해서는 안 된다. 자기 의견을 말할 만큼 하고 나면 만족감을 갖게 된다. 그런데 여기에 첨가해서 민주적인 총정리 역할을 맡은 이가 나타나면 그 결정에 이의를 제기하는 자가 오히려 꼴사납게 보일 수 있다. 이런 과정을 거쳐 최후로 "별다른 이견이 없으면 이 시점에서 토의를 종결하려는데 어떻겠습니까?" 하면 회의는 끝나는 것이다. 회의란 아무리 민주적이라 하더라도 참석자 전원의 의견이나 의지를 종합해서 반영하기란 쉽지 않기에 하나의 형식에 불과하다.

4.

주체성, 창의성, 개성에 관하여

집단 속에 방임해두면
구성원들의 사고방식이나 행동을
하나의 방향으로 묶으려 하는 힘이 작용한다.

그렇지만 **같은 씨앗에서는**
같은 열매밖에 얻을 수 없는 법이다.

개성을 주장할수록 조직 속에 안주를 원한다

서구권으로 여행을 가면 호텔이나 식당 웨이터 때문에 당혹스러울 때가 있다. 예를 들어 아침으로 달걀 요리를 달라고 하면 "삶은 달걀인가요, 달걀 프라이인가요?"라고 묻는다. 프라이를 해달라고 하면 이번에는 "노른자위를 위로 할까요, 밑으로 할까요?"라고 한다. 반숙 계란으로 해달라고 하면 "몇 분이나 삶을까요?"라고 집요하게 묻는다. 그러다 보면 은근히 짜증이 나서 알아서 좀 하라고 말하고 싶지만 웨이터는 손님의 의사를 충분히 확인하는 것이 본분이므로 그가 의사를 분명히 밝히기 전에 자기들 임의대로 하는 경우가 없다. 그럴 때 생각나는 것이 일본 호텔과 여관의 서비스다. 내가 알고 있는 대로라면 일본에서는 손님이 일일이 자기 의사를 표시하지 않아도 적당히 알아서 식사자리를 마련한다. 반면에 서구권의 호텔에서는 일단 객실에 안내되면 모든 것을 자기 의지대로 결정하고 감당해야만 한다. 정해진 시간에 식당으로 가고, 많은 메뉴 속에서 먹고 싶은 것을 구체적으로 선택한다. 그러지 않으면 식사를 못한다. 동양인에게는 바로 이런 점이 생소하고 어려워서 신경 쓰이는 부분이다.

최근 들어 '세계화', 또는 '주체성'이라는 말을 많이 사용한다. 기업 내부에서도 이 용어가 유행어처럼 남발되고 있다. 조직 속에 있다 보면 주체성이 상실되어 개성을 발휘하기가 어렵다. 주체성 회복은 조직의 압력에 대항해서 자기 자신을 되찾자는 뜻이 담겨져 있지만, 개성을 되찾았다고 해서 꼭 주체성이 회복되었다고 말할 수는 없다.

앞에서 말한 호텔의 예처럼 "당신의 참뜻은 무엇입니까?"라고 연거푸 질문을 받게 되면 난처해서 "그만 살려주십시오"라고 빌지도 모른다. 인간은 본래 소속집단에서 이탈하면 심리적인 불안을 이겨내지 못하는 법이므로 안주하고자 하는 인간일수록 조직을 구하려는 경향이 있다. 왜냐하면 조직 속에 안주하고 있는 동안은 주체성이 무엇인지 꼬치꼬치 묻지 않아도 되기 때문이다. 또 개성을 주장하는 인간일수록 조직 속에서 안주하기를 바라는 심리가 강하게 나타나기도 한다.

우리는 주변에서 "나는 정년까지 회사에 목매다는 처량한 생활은 안 해"라고 공언하는 경우를 본다. 자신을 개성이 강하고 주체적인 인간처럼 보이려는 의도지만 사실은 이런 직장인일수록 조직에 속해야만 제대로 살 수 있는 유형이 많다. 또 불만이나 어떤 사실을 적당한 기회에 악용하려 들기도 한다. 현대의 소속집단에서 이탈하게 될지도 모르는 만일의 사태에 본능적으로 대처하고자 하는 허세에 가깝다. 개성이나 주체성은 말로만 이루어질 수 있는 것이 아니기 때문이다. 인간이라면 누구나 혈연과 애정으로 뭉쳐진 가족 이외에 또 다른 심리적 소속집단을 갖고 싶어 한다. 그러므로 자기주장이 강한 직원과 대립할 때는 논리를 앞세운 공략보다 인간적인 친숙함으로 접근하는 것이 더 효과적이다.

조직에서 창의성 계발이 왜 어려운가

창의성 연구가로 널리 알려진 미국의 J. E. 아널드는 창의성에 장애가 되는 요인으로 첫째 인지적 장애, 둘째 문화적 장애, 셋째 정동적 장애를 꼽았다. 여기에서 첫째는 문제파악을 제대로 하는 것이 어렵고, 둘째는 집단에 동조하려는 욕구, 형식 논리의 중시 등이고, 셋째는 실수를 저질러 타인으로부터 비웃음을 사는 것에 대한 공포, 안정을 추구하는 욕구, 상사에 대한 공포감, 동료나 부하에 대한 불신이라고 열거했다. 이것을 요약하면 '실패에 대한 공포'가 창의적인 활동을 저해하는 가장 큰 요인이라고 할 수 있다.

인간이라면 누구를 막론하고 안정을 추구하려는 욕구를 가지고 있다. 다시 말해 개인이 실패 혹은 시행착오를 두려워하는 감정에 빠져 있는 한 창의적인 일은 제대로 할 수 없다는 것이다. 특히, 기업에서 사업 실패는 곧 죽음 같은 종말을 의미하기 때문에, 사업 단위로 창의적인 일을 한다는 것이 여간 어려운 일이 아니다. 왜냐하면 창의적인 일을 하려다가 본의 아닌 실수나 잘못을 저질렀을 때 받게 될 문책이 두렵기 때문이다. 따라서 대부분의 직장인은 창의적인 행위와는 동떨어진 행동, 즉 위에서 시키는 일이나 상부의 눈치를 살피는 것으로 일관해버린다. 이와 반대로 기업은 모든 사원에게 창의성을 강력히 요구하면서도 한편으로는 어떠한 실패도 용납하지 않는 모순된 존재다.

이 엄청난 모순을 누군가가 해결하지 않고는 한 걸음도 앞으로 전진할 수가 없다. 페핀스키는 이것을 조직의 문제라는 관점에서 다음과 같이 말했다. 첫째, 의도가 조직을 위한 것이었다면 웬만한 모험은 용서할 수 있어야 하고, 둘째, 표준에서 벗어나는 자라면 특수한 능력이나 지적 능력이 활용될 수 있어야 한다. 이 점에 대해서는 다음에서 자세히 언급하기로 하고, 개인의 입장에서는 어떤 일이 가능한지 생각해보자. 인간은 중년 이후가 되면 어느 정도 보수적인 경향을 띠게 마련이다. 특히 정년이 가까워지면 남은 기간을 대가 없이 보내는 것이 제일의 신조가 되고 만다. 그런데 문제는 정년과는 거리가 먼 30대의 젊은이 가운데 실패에 대한 공포증이 상상 외로 많다는 데 있다. 요즘 젊은 사원 중에도 창의성과는 거리가 먼 안전제일주의를 추구하는 이들이 많다. 그것은 그들이 자신도 모르는 사이에 정신적인 노화 상태에 진입해 있기 때문이다. 창의성이 없는 회사, 창의성이 없는 직원에게서 기대할 것은 아무것도 없다.

이질적인 집단이 등질적인 집단보다 강하다

나는 여러 기업으로부터 창의성 계발에 관한 강연 부탁을 자주 받는다. 그런데 강연장에 들어가면 이미 이 회사가 창의성을 살리고 있는지 그렇지 않은지를 금방 알게 된다. 청중의 태도가 똑같고 표정이 굳어 있으면, 좋은 말로 정돈된 분위기 같지만 십중팔구 회사에 활기가 없거나 창의적인 업무를 하고 있지 못하다. 반대로 강연회장 전체에 어딘가 모르게 색다른 들뜸이 느껴지며, 정돈되었다기보다는 뭉치고 흩어지는 제멋대로 놀아나는 듯한 분위기일수록 회사 전체에 활기가 있거나 각자가 한껏 창의적인 일을 하고 있다고 볼 수 있다. 본래 창의란 무에서 유를 낳는 것이 아니라 유와 유를 결합시켜 또 다른 유를 생산해내는 일을 가리킨다.

어쨌든 평범한 일반인은 창의를, 기막힌 물건이나 결과가 하늘에서 뚝 떨어지는 것 정도로 생각하는 경우가 많다. 그런데 기업의 경우에 어떤 직원의 생각과 다른 직원의 생각을 잘 결부시켜 아주 새로운 생각을 낳게 하는 데 창의적 업무가 생겨날 뿐 하늘에서 떨어진 획기적인 우연이란 있을 수 없다. 창의라는 것은 적어도 그 나름의 사고력을 가지고 있다는 사실, 즉 그것이 창의성 계발의 동기가 되기 때문이다. 집단 속에 방임해두면 구성원들의 사고방식이나 행동을 하나의 방향으로 묶으려 하는 힘이 작용한다. 또, 조직의 기능면에서도 같은 생각과 같은

191

행동을 하는 직원을 끌어모으는 쪽이 효율이 높다고 생각하는 움직임이 자연스럽게 일어난다. 그렇지만 같은 씨앗에서는 같은 열매밖에 얻을 수 없는 법이다. 결국 이 같은 사고가 짙게 깔리면 집단으로서 창의적인 일은 할 수 없고, 개인의 창의성도 계발되지 못한다. 그래서 나는 하나의 특성으로 균질한 집단이냐, 이질적인 좌충우돌 집단이냐에 따라 그 회사나 회사 내의 부서가 그 나름의 창의성을 발휘할 것인지 못할 것인지를 알게 된다.

'집단의 등질도와 집단의 발달의 관계'의 연구에 의하면 뚜렷한 낱알 같은 집단보다는 등겨가 섞인 집단 쪽이 한결 창의적이고 효율적이라고 한다. 미리 한 가지 지능검사를 실시해서 그 결과에 따라, ①①①, ①①②, ①①③ 등의 그룹을 세 명씩 만들고, 같은 과제를 집단적으로 해결하도록 지시했다. 이 경우는 지능에 중점을 두고 만들어졌지만, ①①①의 그룹을 제외한 ①①②, ①②③이라고 하는 이질적인 그룹이 가장 좋은 성적을 올리는 것을 확인할 수 있었다는 것이다. 성별에 관해서도 동성보다는 남녀가 혼합된 혼성팀 쪽이 보다 우수한 성적을 올렸다고 한다. 이로 미루어보아도 등겨가 섞인 집단이 뚜렷한 낱알 같은 집단보다 개인의 장점을 신장시키고 나아가 창의력도 살리는 조직이 된다는 것을 알 수 있다. 외국인 부대가 내국인 부대보다 강한 이치도 바로 여기에 있다.

회사는 인간이 모여 만들어낸 것이고,
당연히 인간이 통제한다고 생각하지만
그것은 착각이다.

회사가 일단 그 틀을 잡고 나면
거대한 공룡이 되어
구성원인 인간을 조종하기 시작한다.

개인의 주체성은 집단의 수에 반비례한다

강연회 청중도 집단의 일종이라 할 수 있다. 그런데 이 청중의 규모에 따라 강연을 듣는 태도에 미묘한 차이가 있는 것을 느끼게 된다. 10~20명 정도의 소집단일 경우, 반나절이든 하루든 이야기를 들려줄 수 있지만, 100명을 넘으면 2시간 정도, 200~300명이면 1시간 반, 500명 이상이면 1시간, 1000명 이상이면 40분, 2000명 이상이면 30분 정도에 그친다. 이런 등식으로 수가 많으면 많아질수록 짧은 시간 내에 뼈대 있는 말로 해치우지 않으면 청중의 주의력이나 집중력이 산만해지고 만다. 사회학자들의 연구에 의하면 혼잡한 지하철 안일수록 승객이 읽는 주간지나 신문의 질이 많이 떨어진다고 한다. 그도 그럴 것이 지하철이나 버스 안에서 읽고 있는 책들을 보면 대개가 시시껄렁한 주간지나 스포츠 신문 정도인 경우가 많다. 전문서나 수필, 소설 등 격이 높은 책은 별로 눈에 띄지 않는다.

보통 회사에서도 직원 수가 불어나면 조직이 나사 풀린 것처럼 해이해지면서 경직화되기 쉽고, 의사소통이 잘 안 되면서 회전 속도가 현저히 떨어지게 된다. 왜 이러한 현상이 생기는가 하면, 집단 속의 자아의식이 집단의 멤버의 수를 분모로 하고, 개인을 분자로 한 분수식이 성립되기 때문이다. 즉, 멤버의 수가 10명, 100명, 1000명으로 증가하면 자아의식은 10분의 1, 100분의 1, 1000분의 1이라는 식으로 희박해지면서 책임감이 줄어들고 의욕도 상실되어간다. 이것은 마치 선거전에 있어서 한 표의 무게를 모르는 것과 같은 이치로, 구성원의 수가 많은 집단에서는 무책임과 무관심, 의타심 등의 심리가 생기는 법이다. 회의나 세미나 같은 것도 출석자의 수가 많으면 많을수록 토의에 참가하지 않는 수가 늘어나고, 여기저기서 소집단을 이룬 가운데 사사로운 잡담이 오가게 마련이다.

구성원 규모에 관계없이 집단 자체가 메커니즘이 되어 능력의 평균화가 일어난다는 것은 앞에서도 말한 바 있지만, 수가 증가하면 할수록 능력이 낮은 이가 많이 섞이기 때문에 전체가 거기에 발목이 잡혀 능력이 저하되고 만다. 집단의 수가 늘어날수록 자아의식이 희박해지는 현상은 이 능력저하에 박차를 가한다. 집단에서는 서로 협력하고 상부상조하는 것도 필요하겠지만, 집단 내의 인원 증가가 나쁘게 작용했을 경우에 개인의 능력 발휘를 방해하는 일면도 있다. 그렇지 않으면 상부상조, 협력, 화합이라는 미명 아래 자신의 능력이 저하되고, 막상 그 집단을 이탈했을 때는 혼자서 살아갈 만한 힘도 의욕도 상실한 바보가 된다.

사태가 이쯤 되었을 때 예전에 도와주거나 협력해주던 친구들이 인정 어린 마음으로 힘을 북돋아주는가 하면 천만의 말씀이다. 이런 경험을 해보지 못한 젊은이들에게는 생소한 말처럼 들릴지 모르겠으나, 인간의 정이란 변화무쌍한 것이어서 날씨만큼이나 변덕이 심하다는 것을 염두에 두는 것이 좋다.

칭찬에도 테크닉이 필요하다

인간 행동의 바람직한 변화는 문제행동에 대한 질타나 충고보다는 바람직한 행동에 대한 칭찬에서 일어난다고 한다. 칭찬은 강화로서의 의미가 아니라 긍정적인 자기효능감이나 기대감이 높아지기 때문에 지속적으로 동기화된다는 점에서 매우 의미 있는 교육수단으로 수용되고 있다. 칭찬이 교육적 의미가 이렇게 크다는 것을 알면서도 부모들은 자녀를 어떻게 칭찬해야 할지 막연해한다. 그래서 이렇게 칭찬하다가 아이를 버릇없게 만드는 것은 아닌지 걱정할 때가 있다.

가정에서 자녀들에 대한 칭찬은 크게 세 가지로 구분할 수 있다. 자녀의 바람직한 행동을 지적하는 단순한 '설명적 칭찬'과 다음 행동을 더욱 고무시키는 '건설적 칭찬', 그리고 자녀의 마음속에 또 다른 부담을 주는 '파괴적인 칭찬'이 그것이다.

설명적 칭찬은 "이번 시험 잘 보았구나. 잘했다"처럼 긍정적인 행동에 대한 칭찬으로, 이는 자녀들의 자기효능감을 높이기를 기대하기는 어렵다. 또한, 파괴적인 칭찬은 심리적인 부담감을 주는 까닭에 도리어 칭찬하지 않는 것보다 못한 결과를 초래할 수 있다. "이번 시험은 결과가 정말 좋다. 엄마도 행복하구나. 다음 시험도 잘 보자!"처럼 칭찬 후 그 행동을 지속적으로 반복해야 한다는 강한 부담감을 주는 경우다.

실제 이런 칭찬을 들은 아이들은 자기 효능감이 높아지기보다는 강하게 스트레스를 받는다고 한다. 건설적인 칭찬은, 칭찬을 하는 이와 받는 이 모두에게 만족스러운 결과를 가져오는 의미 있는 보상기제로서 활용된다. "이번 시험 잘 보았는데… 아주 좋구나. 열심히 공부했구나!"처럼 행동 그 자체에 대해 칭찬하고 그에 따른 심리적 충족감은 혼자서 느낄 수 있도록 하는 것을 의미한다.

이는 스스로 만족을 느낌으로써 자기 동기화가 지속적으로 유지될 수 있는 매우 바람직한 교육법이다. 이를 잘 알면서도 가정에서 올바르게 이행되지 못하는 까닭은 무엇일까. 부모가 칭찬을 한 뒤 그에 따른 심리적 기대와 만족감을 자신들의 입으로 먼저 표현해버리거나 같은 행동에 대한 일관적인 칭찬법을 지니지 못함으로써 심리적 전이가 일어나지 않기 때문이다. 그러므로 부모는 자녀를 칭찬할 때 건설적인 칭찬이 되도록 노력해야 하며, 자녀의 단점을 지적하기보다는 장점을 더더욱 살려 나가고 자기효능감을 높이는 쪽으로 칭찬해야 한다. 이 경우 버릇이 없어진다거나 자신을 과대평가하는 경향이 높아질 것이라는 부모들의 걱정은 기우에 지나지 않는다.

올바른 행동만을 지적하는 칭찬은 지나치게 사랑하는 익애溺愛와 다르고 자신의 능력에 대한 평가와 자기 기대감이 높아지는 것이기 때문에 매우 좋은 교육수단이다.

분할된 집단은 횡보다 종의 관계를 좋아한다

집단 내의 한 명 한 명이 그 소속 집단에 참가하고 싶어 하게 되는 심리 경향을 집단의 응집성 또는 응집력이라 한다. 집단의 결속력은 이 응집성으로 나타난다고 볼 수 있는데 응집력이 강하면 강할수록 집단의 개개인에게는 '우리'라는 의식이 강해진다. 이렇게 응집력이 강한 집단은 한 개인에 있어서나 기업에 있어서 바람직한 일이다.

개인은 동기에 의해 자기를 한층 계발해나갈 수 있고, 기업은 생산성과 모럴을 높여 일의 능률을 높이고 충성심을 만들어 낼 수 있기 때문이다. 그런데 기업 응집성의 고양이 오히려 기업 형편을 좋지 않게 하는 수도 있다. 바로 노동조합의 결속이 그것이다. 따라서 기업 측에서는 가끔 조합 내의 응집력을 약화시키고 파괴하려는 전략을 들 때가 있다.

이러한 기업 전략 가운데 가장 유효한 수단의 하나가 집단의 분단 작전으로, 집단 내부에 또 다른 소집단을 만드는 일이다. 그것은 작업팀의 경우일 수도 있고 프로젝트 팀의 경우일 수도 있다. 그렇게 하다 보면 각 소집단 사이에 미묘한 적대의식이 싹트기 시작해서 소집단은 각기 자신의 목적에 따라 행동을 취하게 된다. 결국 전체 집단은 소집단으로 분화되고 만다. 뿐만 아니라 그 소집단 속에 그 나름의 독재형의 리더를 두게 하면 그 효과는 배로 늘어난다.

레윈이나 리피트의 리더십 행동유형 실험 결과를 보면, 집단의 멤버가 횡적인 연대를 상실하고 개개의 리더와 직결하게 될 때 '우리'라고 하는 의식이나 생각이 희박해지고 반대로 사의식이 생겨난다. 결국 집단 파괴를 획책한 측의 목표는 이로써 성공하는데, 그 이유는 거대한 전체 집단이 산산조각으로 파괴되어버리기 때문이다. 바로 이런 파괴를 노리고 소집단을 만들어 경합시키는 작업을 하는 것이다. 그렇다고 해서 이러한 사고방식이 위에서 언급한 노동조합 파괴라는 목적에만 쓰인다고 할 수는 없다. 집단 관리의 목표는 노동문제보다는 근본적으로 생산성의 향상을 겨냥했던 것이기 때문이다. 따라서 소집단에 의해 경쟁의식을 높인다든지, 책임의 비율을 정해주는 보수의 보합제步合制를 도입해서 동시에 책임체제를 확연히 만들 수가 있어야 한다. 이에 따라 조직은 조직대로 이익을 생각해서 항상 전체의 총화를 계산하게 되며, 집단의 구성원 개개인의 멤버는 자신의 달성욕과 경제적 이익을 얻게 된다.

어쨌든 분할된 소집단은 상호간의 연대보다는 서로가 자기 나름대로 회사 또는 조직의 상부구조와 긴밀하게 결부하려는 경향을 나타내는 것만은 확실하다. 소집단의 특성은 횡적인 관계보다 종적인 관계에 집착하고, 이 종적인 관계가 보다 튼튼하기를 원한다. 그러나 냉철히 생각하면 횡적인 사회를 평등의 사회라고 할 수 있다면 종적인 사회는 예속의 사회 또는 수직 종속의 사회라고 해야 옳을 것이다.

사적 집단은 인간의 서열로 움직인다

전시 중이 아니더라도 군대에는 고참병이 갓 들어온 초년병을 이유도 없이 괴롭히는 경우가 있다. 군대라는 조직집단도 기업과 마찬가지로 하나의 목적을 가지고, 그 목적을 위해 인간을 수단과 방법으로 여기는 비인도적인 기능 집단이다. 따라서 종적 서열관계가 회사의 상사와 부하관계 등과 비교할 수 없을 정도로 엄격하며, 때에 따라서는 횡적 서열도 무시할 수 없다. 그래서 어떤 때는 두 개의 서열이 자주 충돌하기도 한다. 사관학교를 갓 나온 하사관과 5~6년 동안 굴러먹은 고참병이 눈을 흘기며 충돌하면 심리적인 위압감은 고참병 쪽이 강하게 마련이다. 목숨을 걸고 전쟁터에서 익히고 배운 전략 · 전술이 학교에서 탁상공론으로 배운 사관 쪽보다 박력도 있고 관록도 있기 때문이다.

경험과 실적에 의해 우열이 정해지는 군인끼리의 이 특유한 관계는 비공식 집단 내의 심리적 서열이라고 해도 과언이 아니다. 이 관계 속에는 공식 지위 등은 끼어들 여지조차 없다. 이 같은 일은 군대나 다른 집단의 경우가 아닌 친구 사이에서도 존재한다. "회사에 가면 내가 자네보다 상급자일세"라고 말하여 비웃음을 사는 경우가 아니더라도, 지위나 신분에 관계없이 친구 사이에도 반드시 우두머리 역할을 하는 자가 있다. 인간이란 본래 공식적인 관계 속에서만 살 수 없다. 갑옷을 벗어던지고 피부와 피부를 맞댈 수 있는 관계를 구하려는 심리는 인간이라면 누구에게나 있다.

    그럼에도 불구하고 인간이 둘 이상 모인 곳에는 서열이 생기고, 직장에서는 어쩔 수 없이 상부와 하부라는 관계가 성립되며 과장이나 부장 같은 명확한 서열은 더 말할 것도 없고, 같은 평사원끼리도 은연중에 우두머리와 부하로 나뉘어 전체 집단의 질서를 우회적으로 돕는다. 하기야 이런 관계도 인간의 됨됨이 나름이겠지만 집단에 속한 개인이라면 싫든 좋든 우두머리를 존중하지 않을 수 없고 또 따르지 않을 수 없다. 그러나 여기에서 주목해야 할 것은 사적인 친구나 동료의식이 강한 사이일수록 이 같은 서열에 심리적 연대감이 함께 있다는 사실이다. 우두머리 혹은 상급자에게 무조건 복종하는 관계가 아니어도 서로가 서로의 마음을 이해하고 존중하는 친구로서 이끄는 자의 서열이 있다. 바로 이것이 진정한 우정이며 사랑이다.

    현대는 전부가 그렇다고는 할 수 없으나 격식이나 형식을 배제한 사적인 면이 지나치게 강조되는 경향이 있다. 형식에만 매인, 즉 공적 관계만으로는 모든 일이 해결되기 어렵기 때문에 현실적으로 사적 관계 자체를 획일적으로 부정할 수도 없다. 다만 공인이라면 공무에서만큼은 공적 입장을 지키는 것이 도리이며 의무라는 것을 잊지 말아야 한다.

승리만이 목적이 되면 인간성을 잃는다

일본에서 인기 있는 스포츠는 야구이지만, 미국에서는 미식축구가 대중적인 인기를 얻고 있다. 미식축구가 다른 스포츠보다 월등하게 인기가 있는 까닭은 비즈니스의 세계와 흡사해서라고 할 수 있다. 미식축구 선수에게는 억제된 공격성이나 유연성, 긴장, 냉정함, 팀플레이 등이 극도로 요구되는데 비즈니스맨에게 요구되는 것도 같다. 오랫동안 성공한 기업인의 성격을 연구한 미국의 정신분석학자 맥커피는 그들 간에 공통되는 성향을 발견했다. 그 공통점이 미식축구 선수에게 요구되는 것과 같다고 해서 맥커피는 이것을 '게임적 성격'이라고 명명했다. 경기의 승부를 위해, 개인의 명예와 소득을 위해, 나아가 관중을 즐겁게 해주기 위해 인기를 유지하는 데 목표를 둔 이들은 오직 상대 팀에게 이겨야 한다는 집념 외에는 아무것도 없다는 것이다.

스포츠는 게임 당사자의 쾌락만을 위하는 데서 그치지 않고 관람객의 쾌락까지도 충족시켜야 하는 특성이 있다. 특히 아마추어 스포츠는 이 기능을 어떻게 해낼 수 있느냐가 관건이다. 그러나 프로스포츠는 또 다른 면이 있다. 승부에는 이기는 자와 지는 자가 있게 마련이지만, 프로의 세계에는 오직 승리가 있을 뿐 패배는 용납되지 않는다. 프로의 세계는 패배를 부정하면서 승리만을 최상으로 여기는 집단이라는 점에서 일반적 상식과는 상충되는 면이 있다. 프로스포츠의 세계는 게임에 임하는 당사자가 만족스러워하는 것과 대중을 위해 신명나게 노는 것이 동일하다. 그러자니 팀의 리더는 보다 많은 득점으로 승리하기 위해 팀의 멤버에게 경쟁심을 불러일으키고, 멤버의 한 명 한 명이 오직 승리에만 매달리는 목표를 설정한다. 확실히 목표가 하나로 통일된 팀은 막강할 수밖에 없으며, 그 팀이 안고 있는 투지와 신념은 누구도 꺾을 수가 없는 것이다. 그러나 멤버 개인 입장에서, 그것도 인간적 면에서 그리 탄복할 만한 것은 못 된다. 그들은 자신들이 가지고 있는 투지와 신념에 도취된 나머지 자기가 누군가라는 감각까지도 상실하고, 인간에게서 가장 귀중한 자기의식의 지적·정신적 가치와의 접촉도 약해진다. 이는 정신분석학 권위자 맥커피의 말이다. 이쯤 되고 보면 인간이 더는 인간이 아니라 싸우기 위해 훈련된 동물로 변신한 것이라고 할 수밖에 없다.

앞에서 비즈니스맨과 프로스포츠맨이 성격상으로 흡사하다고 한 점은, 현대의 비즈니스는 사업을 위해 냉혈적으로 돌진하는 면이 강조되기 때문이다. 결국 프로스포츠나 기업이 본래의 인간성을 상실하고 극단으로 치달으면 지구촌은 살벌함만이 남을 것이다. 1990년대 후반 아시아 전체에 몰아닥친 불경기로 국제통화기금이라는 국제고리대금을 받게 된 나라가 많았고 빌린 돈을 갚기 위해 구조조정을 벌이는 과정은 눈물겹도록 처절했다. 이 같은 집단 속에서 자아를 상실할 때 그들은 먹이를 찾기 위해 비즈니스라고 하는 밀림을 방황하다가, 승리하는 대가로 자기를 상실하는 크나큰 희생을 지불할 것이다. 그래서 전쟁에 휘말린 집단은 개인의 인격을 무시하게 되고 그 개인도 무시당하는 것을 인지하지 못한다.

젊은이의 특징은
사고의 유연성, 행동력, 형식에의 반발이다.

병든 집단은 내부의 적을 못 본다

제2차 세계대전 때 영국의 무기 개발팀에서 일어난 사건이다. 여러 명의 과학자가 팀이 되어 연구를 시작한 지 6개월 남짓 됐을 때 연구자 중의 하나가 자살을 기도했다. 원인은 정신적 스트레스였다. 적국 독일로부터 시시각각 위협당하던 영국으로서는 신무기 개발이 다급한 처지였기 때문에 개발팀은 군 고위층으로부터 심한 독촉을 받고 있었다. 그래서 팀의 과학자들은 중압감을 느끼면서 밤낮 없이 개발에 몰두해야만 했다. 그런데 자살 미수자가 생기고부터는 전체 사기가 크게 떨어지고, 신무기 개발에도 차질이 생겼다. 여기에서 리더 격이던 과학자는 비정한 태도를 취했다. 모든 책임을 자살을 기도한 연구자, 즉 팀의 탈락자에게 뒤집어씌운 것이다. 그는 결국 학자로서의 한계에 부딪쳤다. 도리어 탈락자는 리더 때문에 자신이 이 지경까지 몰렸다고 다른 팀 동료들 앞에서 신랄하게 리더를 비난하기까지 했다. 사태가 이쯤 되자 팀 전체에는 그 자살 미수의 동료를 동정하기보다 그의 행동이 지나치다는 분위기가 생겨 그 후 팀은 재단결되는 듯이 보였다. 그러나 그로부터 수개월이 지나자 다시 여러 이유로 탈락하는 학자가 늘어나고, 마침내는 신무기 완성 전에 제2차 세계대전이 끝나버렸다. 이 시점에서 이 팀의 멤버는 결성 당시의 절반밖에 남지 않았다고 한다.

집단에는 본래부터 자기를 방어하려는 메커니즘이 있고, 탈락자가 생기면 집단 자체가 갖고 있는 결함을 선반 위에 올려놓고,

탈락자를 못 볼 녀석으로 만들어버리는 경향이 있다. 회사를 이직하는 이와 기존의 소속 집단 사이에서도 이 같은 관계가 흔히 있다. 예를 들면 직장의 봉건적인 분위기에 못 이겨 그만둔 직원인데 그를 무능하고 눈치없어서 언젠가는 그만두어야 할 인물이었다고 매도해버린다. 기본적으로 직장에서 퇴사한 직원을 좋게 평가하는 경우는 드물다. 그렇게 함으로써 외부로부터의 비난과 공격을 피하고 집단 내의 결속을 꾀하려는 속성이다. 그렇지 않고 좋은 직원이 나갔다면 왜 붙들지 않았느냐는 문제가 남고 그 좋은 직원이 나가버린 직장이라면 필시 직장에 무슨 문제가 있지 않느냐는 데 초점이 모아지기 때문이다. 뿐만 아니라 집단 밖으로 나간 자에 대해 냉담해지는 것도 집단의 자기 방어책의 하나이다.

이 메커니즘에서 주의할 점은 탈락자를 낸 집단의 멤버에게는 집단 내부가 품은 결함이 눈에 보이지 않는다는 점이다. 때문에 앞에서 말한 영국의 무기 개발팀의 예와 같이 탈락자가 속출하고 종래는 그 탈락자가 매우 유능하고 정의로운 이라는 것을 알게 되어도 인간은 한 치 앞을 못 보는 어리석음이 있어서 악순환이 그칠 날이 없다. 정당한 탈락자를 악으로 만듦으로써 그 집단 내부에 있는 절대 악을 찾아내지 못하고, 언젠가 그 악에 의해 집단은 진통을 겪는다. 우리는 이 같은 사회적·집단적 비리와 파행을 수없이 겪었지만, 소수의 정의는 언제나 다수의 악에 의해 내쫓기는 신세가 되곤 한다. 그러나 선을 몰아낸 악당도 연명에 급급한 나머지 굴레를 벗어나지 못하고 그 자리를 계속 유지하기 위해 끊임없이 괴로워해야 하는 것은 마찬가지일 뿐이다.

무리가 조직으로 성장하면 구성원은 공동운명체이기 어렵다

"요즈음 젊은이들은 회사 일이 아무리 바쁘더라도 퇴근 시간이 되면 지체 없이 자리를 떠난다. 창립기념일이라든지 창립 몇 주년 기념행사 같은 것에는 아예 관심조차 가지지 않는다"라고 개탄하는 경영인을 만난 적이 있다. 사장과 직원 사이, 특히 젊은 사원과의 사이에 왜 이 같은 의식의 두꺼운 벽이 생겨난 것일까? 그것은 양자가 조직이라는 것을 어떻게 인식하고 있는가라는 본질적인 문제 속에 있다.

독일 사회학에서는 조직을 그 구성원의 결합 동기에 따라서 게마인샤프트(Gemeinschaft, 공동사회)와 게젤샤프트(Geselleschaft, 이익사회)로 나눈다. 게마인샤프트는 혈연·지연·정신적 결합 등에 의해 이해타산을 초월한 사회를 말한다. 그러나 이 사회는 다소의 비합리적인 요소가 포함되어 있다. 이에 반해 게젤샤프트는 계약이나 협정에 의해 결합된 사회여서 합리성은 있으나 인정과 인간적인 면이 결핍되어 있다. 이 같은 견해로 현대의 기업을 관찰해보면, 앞에서 말한 경영 책임자와 젊은 사원 간에 인식의 차이가 어디에 있는지 확실히 알 수 있다. 즉, 대부분의 경우 회사 설립 당시는 서로가 '죽으면 같이 죽자'라는 소수 동지의 결합으로 성립된다. 이것은 말하자면 게마인샤프트의 일종으로서 여기에는 서로가 타산을 초월해서 협력하고 희로애락을 같이한다는 일종의 정신적 일체감이 있다.

이렇게 해서 만들어진 기성조직에 새로운 개인이 끼어들어왔을 때는 어떻게 되는가? 그 개인은 창업자들과는 전혀 다른 독자적인 목적을 가지고 조직에 참가했기 때문에 동지 의식이 없는 것은 말할 것도 없고 주종간에서 게젤샤프트적 성격이 정착하게 마련이다. 종래의 기업에는 창업주 외에도 게마인샤프트적 발상을 가진 직원이 많았고 그것이 미덕으로 여겨졌다. 그래서 지금까지도 이러한 풍조가 남아 있고 기업에 따라서는 아예 깊이 뿌리 박혀 있다. 결국 이러한 발상이 근거가 되어 만들어진 것이 종신고용제다. 그러나 이러한 경향이 좋은 면도 있지만 그렇지 못한 면도 있다는 것을 알아야 한다. 개인은 평생보장을 믿고 적당히 일하는 수가 있고, 기업은 이 적당주의를 막기 위해 개인과 기업이 운명을 같이하게끔 강제를 가하는 경우도 있다. 게마인샤프트나 게젤샤프트도 특정한 목적과 의식이 있기 때문에, 특히 운영 당사자가 인간이기 때문에 의견의 상충이나 반대와 찬성이 당연히 있게 마련이다.

이상적인 사회는 찬성이 7에 반대가 3인 사회라고 했지만, 최근에는 3에 불과한 반대 세력도 용납하지 않는 집단이 늘어가고 있는 실정이다. 예컨대 어떤 사회, 어떤 집단이든지 참된 개인의 자유 의지에 의한 자기 충족이란 있을 수 없게 마련이다. 기업이나 개인 모두 조직이란 것은 운명공동체가 아니라는 사실을 재인식해야 한다. 따라서 공동운명체 운운하는 상사일수록 신뢰해서는 안 된다.

보람은 스스로 구하는 것이다

얼마 전 졸업한 지 얼마 안 된 제자가 지금 직장이 마음에 들지 않아서
이직을 했으면 하는데 어디 좋은 곳이 있으면 소개해달라면서 찾아온
일이 있었다. 해마다 이러한 제자가 너댓 명은 나타나기 때문에 별로
놀라지는 않았지만 10년을 하루같이 이런 현상이 되풀이되는 것을 보고
'기업에는 조직으로서 여전히 해결되지 못한 커다란 문제가 있구나'
하고 나름대로 기업에 대한 관점을 고쳐먹은 일이 있다. 매일 아침마다
일어나서 밥을 먹는 둥 마는 둥 하고 만원버스나 지하철에서 시달리며
회사에 출근하는 것은 무엇 때문일까? 옛날에는 "먹고살기 위해서"
한마디로 매듭지어졌지만, 회사에 속해서 일을 하지 않고도 먹고살
수 있는 오늘날에 와서는 앞서의 말은 절대적이지 않다. 그렇다고
일이 재미있어서 그런가 하면 즐거워하는 얼굴로 일하는 직원도 별로
없다. 저마다 나름대로 회사에 다니는 이유가 있겠지만 적어도 기업은
월급이라는 외적 동기부여만으로 직원을 회사에 붙들어놓기에는 시대가
바뀌었음을 인정하고, 흥미롭고 재미있게 일할 수 있는 방법을 생각할
때가 됐다.

특히 최근에 성행하고 있는 것이 '사는 보람론'이다. 즉 일 자체가
개인에게 있어서도 상당한 의미가 있다는 것을 인식시켜 일한다는 것에
기쁨을 느끼게끔 하기 위해서 노동환경을 개선해주자든지, 인간관계를
보다 원활하게 해주자는 등 여러 가지가 있다. 그리고 기업을 통해 번

돈은 되도록 공평하게 나누어 갖자. 따라서 우리 모두는 보다 열심히 일하자는 설득과 이해가 바로 그것이다. 말하자면 직장에서 일하는 모든 이에게 스스로 일하는 기쁨과 흥미, 책임감을 발견하게 하자는 것이 '사는 보람론'이라 할 수 있다. 그러나 곰곰이 생각해보면 이것은 인간의 마음을 컨트롤하려는 새로운 관리사상에 지나지 않는다. "아니야. 일하는 것도 인생, 어차피 일할 거면 즐겁게 하자"라는 논리로서 기업은 미리 준비해놓은 내적 동기를 내색하지 않고 자연스럽게 밀어붙이는 것이다. 원래 '사는 보람'은 어디까지나 자기의 의지에 따라 고유의 목적에서 생겨나고 또 신념화되는 성질의 것이다. 머슴에게 철따라 마련해주는 옷과 같이 속이 들여다보이는 '사는 보람론' 같은 것으로는 인간을 감동시킬 수도 없지만 인간이 이런 것에 감동할 만큼 단순하지도 않다.

그런데 한 가지 안타까운 것은 거의 모든 인간이 '사는 보람'을 회사가 부여해주는 것, 부여해주지 않으면 안 되는 것으로 착각하고 있다는 점이다. 삶의 주체는 어디까지나 자기 자신이고, '사는 보람'을 느끼는 것도 자신이다. 따라서 '사는 보람'을 외부에서 찾으려는 것은 우매한 짓이다. 그것은 스스로 느끼고 스스로 판단하여 자신이 그것에 만족하면 되는 것이다. 이러한 판단이 자기중심에서 벗어날 때 "어디 더 재미있게 일할 곳은 없을까?" 하는 마음을 갖게 한다. 회사는 회사대로, 개인은 개인대로 잘되고 못되고를 상대방 탓으로 돌리는 한 아무도 보람을 느낄 수가 없다.

회사는 직원의 욕구를 이용해 성장한다

오래 전의 일이다. 텔레비전에서 여러 분야의 남녀 직장인 100명을 모아놓고 "당신은 장래 회사 임원까지 오르리라 생각하는가?", "결혼 조건으로 상대에게 무엇을 요구할 것인가?" 등의 질문을 던지고 그에 대한 대답을 이끌어내는 〈당신도 해답자〉라는 프로그램을 방송한 일이 있었다. 현대 직장인의 의식과 실태를 알아볼 수 있는 찬스라고 생각되어 방영될 때마다 보고 있었는데, 어느 날 느닷없이 정년 퇴직자만을 모아 놓은 회가 있었다. 도쿄 굴지의 대기업에 30년 이상 근무한 엘리트 직장인들로 그들에게 주어진 질문은 "당신은 일 중심으로 살아왔는가, 아니면 가족 중심으로 살아왔는가?"였다. 그러자 84명에 달하는 정년퇴직자들이 "일 중심으로 살아왔다"고 대답했다. 그런데 "퇴직금은 당신이 남긴 공로에 비해 충분하다고 생각하는가?"라는 질문에는 불과 5명만이 "만족한다"고 대답했을 뿐이다. 모름지기 그들은 남보다도 직급이 높아지고 인정받고 좋은 집에서 살고 싶다는 마음에서 일에만 열중했을 것이다. 그것이 회사를 위한 길이 되고 오늘의 사회를 밑받침하는 결과가 되었지만, 회사 측은 이들의 이 같은 생각을 액면 그대로 받아들이지 않았다.

인간은 누구나 타인에게 인정받고 싶고 남보다 지위가 높아지고 싶은 사회적 욕구를 가지고 있다. 심리학에서는 이것을 '굶주리지 않고 목마르지 않다'는 1차적 욕구에 따르는 2차적 욕구라고 부른다. 때에 따라서는 이 욕구가 1차적 욕구를 능가할 정도로 강해질 수도 있다. 명예를 위해 목숨도 불사한다는 예가 대표적이다. 직장인은 사회적 욕구를 채우기 위해 회사에서 열심히 일한다. 그러나 회사는 그의 사회적 욕구를 최대한으로 이용해서 지위나 보수를 적절히 늘려주며 계속 일을 시키고, 마침내는 그 욕구를 충족시키는 일 없이 회사의 유지 발전이라는 목적만 달성하고 끝낸다.

가련한 것은 그러한 회사에서 일만을 중심으로 살아온 직장인들이다. 물론 사회적 욕구는 후천적으로 생겨나는 것으로써 사회나 시대의 변화와 함께 변화되게 마련이다. 지금도 지위가 높아지고 싶다거나 돈을 많이 가진 거부가 되고 싶다는 욕구가 그만큼 강해지고 있다. 그런 욕망이 강하게 나타나는 만큼 괴리현상도 만만치 않다. 그래서 세간으로부터 '모라토리엄(지불유예) 인간'이라는 평가를 받기 싫어하는 이들이 증가하면 사회적 욕구는 점점 어려워진다. 그러나 어차피 평생직장, 멸사봉공 같은 사고방식이 없어진 사회가 된 이상, 회사는 직원들의 사회적 욕구와 자기실현에 호소해서 사업을 신장시켜나갈 수밖에 없다. 인간사회가 이해 상충의 사회이며, 그 이해 때문에 분쟁과 분열, 심지어는 국가 간 전쟁이 일어난다는 현실을 직시한다면 양자 공존이라는 과제야말로 무엇보다도 중요하다.

한 가지의 색으로만 통일된 조직은 약하다

나는 자주 강연 의뢰를 받아 유수한 기업에서 강연하는 기회가 많다. 꽤 오래 된 일인데 어느 자동차 공장에 가서 강연을 마친 뒤 공장 견학을 한 일이 있었다. 공장 안은 소음과 기름 냄새로 가득 차 있었고, 콘크리트 바닥은 기름과 먼지로 검게 찌들어 있었다. 그런데 이 공장을 살펴보던 중에 한 노년 직원에게 눈길을 빼앗기고 말았다. 때마침 점심시간이어서 모든 직원이 식당으로 가고 있었는데, 이 직원만은 바닥에 떨어진 볼트 등의 부속품을 하나하나 주워 모으고 있었다. 아마 이 직원은 떨어진 한 개의 볼트라도 함부로 내버리거나 밟아서 못 쓰게 하는 것이 아깝다는 생각과 함께 한 개의 부품이라도 헛되이 하지 않는 것이 회사 발전에 도움이 되고, 자기 자신을 위해서도 이익이 될 것이라는 신념을 갖고 있었을 것이다.

태평양 전쟁 전만 하더라도 이런 행위가 최대의 미덕으로 생각되었고 멸사봉공의 도덕이 그의 마음속에는 그대로 살아 있었음이 분명하다. 그러나 근대 조직은 최첨단을 걷고 있다고 자부하는 자동차 대기업에 이 같은 고지식한 직원이 있다는 일은 우습게 보일는지 모르지만, 결코 이것은 놀랄 일이 아니다. 그것은 위에서 지적한 공장 직원처럼 눈에 띄게, 아니면 남이 보지 않더라도 자기 할 바를 다하는 직원은 우리 사이에서 사라졌지만, 실은 조직 속에서 일하는 절대 다수는 눈에 보이지 않게 절대 군주에 대해 충성을 맹세하면서 행동하고 있다. 즉, 전쟁 이전 세대는 충성심을 행동으로 보였다면 전쟁 이후 세대는 은밀하게, 남의 눈에 띄지 않게 충성심을 다하고 있는 셈이 된다. 그런데 이때의 충성심은 회사를 위한다기보다는 자신의 출세를 위한 실천인 경우가 많아 전자와는 대조적이다.

회사는 인간이 모여 만들어낸 것이고, 당연히 인간이 통제한다고 생각하지만 그것은 착각이다. 회사가 일단 그 틀을 잡고 나면 거대한 공룡이 되어 구성원인 인간을 조종하기 시작한다. 인간이 법을 만들지만 나중에는 그 법의 종이 되는 것과 같은 이치다. 더욱이 현대적 기업은 인간심리를 집약하고 그 집약된 힘에 의해 얼굴 없는 힘이 지배하는 구조를 지닌다. 조직의 인간은 이 힘을 거부하거나 반항할 여지도 없이 시키는 대로 움직이고, 조직의 명령 앞에 바로 비굴한 모습으로 반응하게끔 된다. 웬만한 용기와 결단이 없이는 인간은 조직에서 추방될 것이 두려운 나머지 의존적이 되거나 개성을 스스로 뭉개버리기도 한다. 조직은 이 점을 바라는 나머지 전체 구성원이 같은 사고방식으로 물들도록 박차를 가한다.

그러나 앞에서도 언급했듯이 전체 구성원이 같은 색을 띤다면 생명력을 잃게 되고 유사시에는 이렇다 할 방어 능력도 발휘하지 못하는 무능력 집단으로 전락해버린다. 절대 복종하며 의존하는 것이 아니라 고유의 색을 가지고 일하는 직원, 그것도 회사 것을 자기 몸처럼 아끼고 사랑하는 직원이 많은 집단일수록 위기에 강하고 경쟁력에 강하다.

214

단순작업의 반복은 인간성을 해친다

러시아 문호 도스토옙스키가 시베리아에 유배되어 강제노동을 하고
있을 때의 실화 한 토막을 소개하려 한다. 그는 고통을 이겨내지 못한
나머지 발광 직전의 상태에 이른 적이 한두 번이 아니었다. 그에게 부여된
일이란 몇 개의 물통에 든 물을 다른 물통으로 옮기는 작업이었다. 단순해
보이는 이 작업이 왜 그에게 고통을 안겨주었을까? 한쪽 물통의 물을
다른 물통으로 전부 옮기고 나면 다시 빈 물통으로 옮기도록 강요받았기
때문이다. 그 작업은 아침부터 밤늦게까지 몇 번이고 반복되었다. 끝없는
단순작업이 인간심리에 주는 고통은 매우 커서 실제로 그 작업을 하다
미쳐버린 죄수가 적지 않았다. 참으로 오싹한 이야기가 아닐 수 없다.
그런데 유배지도 아니고 혹한의 땅도 아닌 현대의 기업에서 이 같은 일이
일어나고 있다고 한다면 당신은 믿겠는가? 사실은 극도로 자동화가 잘
이루어진 공장일수록 시베리아 유배지와 큰 차이 없는 비인간적인 현상이
일어나기 쉽다.

　　　자동차 왕 헨리 포드가 '흐르는 작업 시스템'을 개발한 이래
작업의 효율성은 획기적으로 높아졌지만 모든 근무자들이 철저히
분업화된 단순작업을 매일같이 되풀이하게 되었다. 미국의 어떤
자동차 공장에서 몇 백 명에 달하는 현장 노동자들을 대상으로 작업
조작수操作數와 업무 흥미도를 조사했더니 하나의 조작만을 되풀이하고
있는 노동자와 다섯 가지를 조작하고 있는 노동자 간의 '일에 흥미가

215

없다'는 대답 수치는 크게 달랐다고 했다. 하나의 조작을 되풀이하고 있는 노동자는 흥미 없다는 대답이 67퍼센트인데 반해, 다섯 가지를 조작하고 있는 노동자는 30퍼센트에 지나지 않았던 것이다. 이것은 무엇을 말하는가? 일이 단순하면 할수록 일에 대한 흥미를 못 느낀다는 것을 단적으로 보여주는 증거이다.

인간은 단순 동일한 행동을 장시간 계속하게 되면 우선 체력적으로 못 배겨내게 되고, 2차적으로 심리적 피로와 고통을 겪는다. 그럼에도 기계화의 발상은 증대되고 있고, 이 발상은 두말할 것 없이 효율화에 목적을 두고 있다. 이런 측면에서 오토메이션 사상이나 현대의 컴퓨터 지향적인 생각이나 모두가 같다. 인권보다 효율을 중히 여기는 사상이 짙게 남아 있는 한 지금까지 언급한 심리적 저항감은 사라지지 않을 것이다. 뿐만 아니라 효율을 노린 나머지 인간심리를 무시한 대가로 되레 효율이 떨어지고 있다는 사실에 대해 현대의 조직이나 기업은 인정하려 하지 않고 있으니 개탄할 일이다.

조직의 모든 비공식적 회합은 알고 보면 공식적인 자리다

무슨 일에나 표리表裏가 있는 것과 같이 조직에도 표리가 있게 마련이다. 표면의 얼굴이 조직이나 질서의 책임을 지키는 대단히 차가운 공적 관계라면, 이면의 얼굴은 그러한 관계를 떠나 마시는 친구, 동창 따위와 같은 시시껄렁한 사적 관계라고 할 수 있다. 그러나 표리가 없다면 모든 사물이 성립되지 않는 것과 같이 조직도 이 두 개의 얼굴을 교묘히 나타내면서 스스로의 존재를 유지시키고 있다. 공적 관계에서는 각기 조직의 성원이 리더에 대한 얼굴, 동료에 대한 얼굴, 후배에 대한 얼굴, 조합이나 단체에 대한 얼굴 등 각양각색의 얼굴을 가지고 각기 다른 대인 관계를 사무적으로 처리하고 있다.

이것을 인간은 조직이라는 톱니바퀴로 생각하기도 하고 기계화되고 있다고 느끼는 원인이 되기도 한다. 또, 이 같은 표면의 얼굴만으로 조직이 성립되는 것이라면 모름지기 그 조직은 인간성을 짓밟아버리는 거대한 괴수라고 해야 옳을 것이다. 바꾸어 말하면 온 천지를 훤히 들여다볼 수 있는 대낮만 있고 무엇인지 분별하기 어려우면서도 그 나름의 정취가 있는 밤이 없다면 인간은 어떻게 될 것인가에 대한 답은 자명하다. 이런 이치와 마찬가지로 신은 인간이 양면의 얼굴을 갖도록 했다. 즉, 냉엄하고 비인간적인 관계에서 오는 불만을 해소시킬 수 있고 딱딱한 관계를 적당히 융합시킬 수 있는 극히 인간적인 사적 관계를 미리 준비시켜놓은 것이다. 여기에서는 공적 세계의 질서와 책임을 떠나 겉치레에 불과한 예복 따위를 벗어던진 채, 인간적인 교제나 이해득실을 초월한 반발이나 저항은 있을 수가 있다. 표면의 세계에서는 부장과 평사원이라고 하는 관계가 이면의 세계에서는 선후배 관계로 변하고, 마작 친구로까지 발전할 수도 있다. 이런 세계를 가질 수 있었을 때, 서로의 인간성이나 욕구를 포함한 감정의 기복이나 습관을 알게 되어 자신을 회복하기도 하고 결점을 수정하면서 표면의 차가운 관계를 중화시키기도 한다.

물론 표리의 관계에서는 어디까지나 조직의 측면이 강조되기 마련이고, 이는 인간을 교묘하게 컨트롤하기 위한 쉬운 방법 중 하나인 것은 사실이다. 또, 표면의 얼굴에서 얻어질 수 없는 정보도 이면의 얼굴에서는 손쉽게 얻어질 수 있어서 조직 유지에 기여한다. 그러나 이것을 인간의 측면에서 함부로 원용하다가는 큰 코 다치는 수가 있다. 예를 들어, 술자리라고 해서 상사에게 함부로 비판을 가한다면 이것은 곧 표면의 얼굴로 받아들여져 '저 녀석은 기업에 대해 충성심이 없다'라든지 '예의 바르지 못한 녀석이다'라는 딱지가 붙게 되므로 여간 조심하지 않으면 안 된다. 조직은 아무리 비공식적인 자리라 할지라도 모든 것을 지나치게 받아들이는 속성이 있으므로, 조직에 속해 있는 인간은 항상 공적 의식을 지니고 있다고 생각해두는 것이 낫다. 바로 이것이 조직과 기업이 안고 있는 숙명이다.

방어 본능이 강하면 쉽게 늙는다

인간은 누구나 늙었다고 생각하지 않고 또 늙어가는 것을 느끼지 못한다.
늙는 것을 느끼지 못한다는 것이 늙는 시초라고 말하는 이도 있다. 그것은
미래에 대한 자기 위축으로 몸을 사린다든지, 현상을 유지하고 싶어
한다든지, 주위의 변화에 대해 유연한 적응이 어렵게 되면 우선 '황혼의
인간'이 되었다고 생각해도 큰 잘못이 없다. 이 같은 일은 기업체도 예외가
아니다. 기업은 인간과 달라서 수명이 없는 만큼 자기가 늙어가는 감각이
무디다. 이를테면 경영의 유연성이 없어지면 동맥경화가 일어나고,
적자가 누적되면서 체중감량이라는 미명하에 직원을 자르다가 마침내
도산하고 만다. 인간도 마찬가지다. 태어나서 방자한 10~20대와 의욕에
넘치는 30~40대를 지나서 원숙한 50~60대를 지나고 나면 70~80대까지,
길어야 90세 정도면 수명을 다한다. 백 년도 살지 못하는 인간은 그럼에도
불구하고 스스로를 불사조 같은 존재로 착각한 나머지 오만과 불손,
아집과 독선을 일삼는다. 그만큼 어리석고 가련한 동물이다.

　　　기업도 이와 같은 운명 선상에 놓이게 마련인데 전혀 그런 파국을
고려하지 않는 경우가 비일비재하다. 인간은 자기 멋대로 살다가 스스로
생을 마치니 미련은 있을지언정 후회할 필요는 없을 것이다. 그러나
죽어가는 기업에 몸담고 있던 사원들이라면 실로 난감한 노릇이다.
신명을 바쳐 청춘을 불살랐던 직장이 도산하고 나면 과연 어디로 가야
하며, 무엇으로 어떻게 구제받아야 하는가? 기업의 도산도 가슴 아픈

일이지만, 개인의 몰락이나 파탄 또한 큰 문제다. 그렇다면 기업에서
동맥경화의 원인은 무엇인가? 모든 기업은 존속, 발전을 지상 명령으로
하고 있는 이상 본래 보수적 · 보신적인 성격을 가지고 있다. 그러나 이
같은 방어 본능이 지나치게 강해지면 새로운 세력의 대두를 겁낸 나머지
젊고 싱싱한 에너지를 거부하게 되고, 그 결과 자신의 체질을 노화시키고
만다. 이느 니리에서니 하는 말이지만 젊은이의 특징은 시고의 유연성,
행동력, 형식에의 반발이다. 이것이야말로 조직의 동맥경화를 예방하는
묘약임에도 불구하고 이것을 거부한 탓으로 기업이 늙고 병들어 종국에는
파산하고 만다.

그중에서도 가장 두렵고 무서운 것은 젊은 세력의 등장이다.
이 젊은이들의 진출을 두려워하는 기업일수록 조직의 압력이 막강해서
용납하지 않는 일이 많다. 결국 진취성과 창의성을 가진 젊은 기백들은
조직의 압력에 압도당한 나머지 오금도 못 펴 보고 절망에 빠지고 무력감
속에 침몰하고 만다. 젊은이가 이런 현상 속에서 늙지 않기 위해서는
어떻게 해서라도 장해를 피해나가야 함과 동시에, 그들 스스로의 힘으로
벽을 깨지 못하는 한 존립의 길을 뚫을 수가 없다. 물론 회사만을
위해서가 아니라 자기 자신을 위해서도 그렇다.

민주적 참여는 조직이 유도한 환상

인간은 누구나 자기 성취욕이라는 것이 있어서 자기 의지와 자신의
힘으로 어떤 일을 달성했을 때 한없는 만족감을 느낀다. 물론 이때 자기의
힘으로 움직일 수 있었던 범위가 크면 클수록 만족감도 비례적으로 크게
된다. 조직 속의 개인이 이런 생각을 했을 때 절실히 구하고자 하는
대상이란 대체 어떤 것일까? 그것은 두말할 것도 없이 그 조직 자체이다.
자기가 소속되어 있는 조직을 자기 뜻대로 자기의 힘으로 움직여 보고
싶은 욕망과 조직에 의해 조종되는 노예가 아니라 조직을 움직이는
주인이 되고 싶은 욕구일 것이다. 이와 같은 욕구는 어떤 조직에 소속되어
있든 그 조직에 속해 있는 대다수의 인간이 느끼는 공통점이다.

최근 기업에서는 이미 이 점을 알고 있다. 그 결과로 이루어진
것이 어떻게 하면 개인이 조직 속에서 참여의식을 갖게 할 것인가이다.
일에 대한 입안에서부터 기획 단계는 물론, 어디에 문제를 설정해서
조직의 구성원이 열을 내게 할 것인가에 이르기까지 논의의 초점이
모아지고 있다. 왜냐하면 어떻게 하면 멤버 하나하나가 자기 의지를 조직
속에 반영시킬 수 있게 할 것인가를 고민하기 때문이다.

이와 같은 생각에는 적어도 두 가지의 중대한 문제점이 있다.
첫째는 누군가가 자기의 생각대로 조직을 움직이고 싶은 것과
마찬가지로 다른 개인도 같은 욕구를 갖는 데서 오는 어려움이다. 이것은

멤버의 각자가 꼭 같은 사상이나 인생관, 심지어 가치관을 가지고 있지 않는 한 해결되지 않는다.

두 번째는 '참여'라고 하는 발상이 조직의 측면에서 제기되고 있다는 것이다. 앞에서도 언급한 바 있지만 집단 토의에는 항상 개인의 의지를 압살하는 메커니즘이 숨어 있기 때문이다. 이것을 이용하면 일종의 트릭으로써 개인의 참여의식을 조장시키면서 조직이 의도하는 대로 인간을 움직일 수 있게 된다. 예를 들면 집단에는 그룹 스탠다드가 자연적으로 생겨나서 이 기준 속에 개인을 휘감고 마는 경향이 있다. 또, 최종적으로는 조직 측이 좋을 대로 결론을 부여해도 그것을 희희낙락하면서 따르는 심리적인 준비가 생겨나기 때문이다.

이같이 생각하면 조직 속 구성원 참여는 실제로는 조직이 구성원을 지배하기 위한 고도의 테크닉에 지나지 않음을 알 수 있게 된다. 따라서 좋지 않게 생각하면 집단에서 참여라는 것은 개인을 위한 것이 아니라 조직을 위한 것에 불과하기 때문에 조직 속에서의 개인을 생각하는 것 자체가 하나의 모순이다. 글로벌 시대를 살아가는 직장인은 조직 속에 진정한 참여가 있을 수 있는지를 인식해야 할 것이다. 그리고 설혹 있다손 치더라도 전적으로 개인의 의지가 반영되는 경우란 극히 드물다는 것을 알 필요가 있다. 그래서 어떤 사회학자의 말처럼 집단 속의 '참여'라는 것은 진정한 의미의 참여라기보다는 반대를 봉쇄하기 위한 명목상의 참여다. 조직 속의 개인은 진정한 개인일 수 없고 조직 구성원에 지나지 않는다.

조직이 내세우는 규칙은 별 의미가 없다

인간은 항상 규칙에 묶여 있다고 해도 과언이 아니다. 나라에는 법률이,
기업에는 사규가, 학교에는 교칙이라는 것이 있고, 조직에는 조직
나름대로 규칙이 있게 마련이다. 인간은 항상 이 얽히고설킨 법률이나
규칙에 반감을 품으면서도 하는 수 없이 거기에 따르게 된다. 왜 인간은
규칙에 쉽사리 맹종하는 것일까?

이에 대해서 미국의 심리학자 레온 페스팅거가 행한 흥미 있는
실험이 있다. 우선 학생들에게 어처구니없이 지루한 작업을 시킨 뒤에,
그중에서 반수의 학생에게는 집으로 돌아가게 하고 나머지 반수의
학생에게는 "지금으로부터 너희들이 한 것과 꼭 같은 일을 하기 위해
다른 교실에 한 부류의 학생들이 남아 있다. 너희들이 그들에게 이 작업이
얼마나 재미있고 쉬운지를 설명해줘라" 하고 선생이 말했다. 설득 역을
맡은 학생은 그토록 지루하고 고리타분한 작업을 흥미 있고 재미있는
듯이 설명하지 않으면 안 되었다. 이 실험이 끝난 뒤 설득 역할을 맡았던
학생과 설득을 당했던 학생에게 작업의 즐거움에 대해 평가하도록
물었던 바, 설득 역을 맡지 않은 학생은 전원이 '형편없이 지루하고
재미없었다'라고 대답한 데 반해, 설득 역할을 맡았던 학생 쪽은 대부분이
'즐거웠다'라고 대답했다는 것이다.

믿기 어려운 억지 같지만 사실은 그렇지가 않다. 이것은 인지 부조화 이론이라고 해서, 사고와 행동에 모순이 생겼을 때 사고를 행동에 근접시키려는 인간의 심리를 설명하는 개념이다. 설득 역할을 맡았던 학생은 제3자에게 자기가 본심으로 즐거웠던 것처럼 말하는 과정에서, 정말 그렇다고 생각하게 된 것이다. 즉, 표면으로 나타냈던 재미없는 일이 정말 재미가 없었던 양 뒷길음칠 수가 없기 때문에 감각적 판단을 무의식중에 행동에 맞춰버린 것이다.

기업에서도 이런 비슷한 현상을 자주 볼 수 있다. "이따위 사규 같은 것은 지켜보았자 시간 낭비다"라고 생각하는 사원들은 불평을 토로하게 되고 자기들 나름대로 비판을 가하게 되지만 이것도 잠시의 일이다. 좋으나 싫으나 일단 그 규칙에 따르게 되면 그 순간부터 무자각적으로 따르지 않을 수 없는 것이 인간이다. 일단 복종하고 나면 그 저주에서 해방될 수 없게 된다. 그래서 악법도 법이라는 말이 생겨났고, 수없는 악법이 우리 생활 주변에 있지만 소수를 제외한 절대 다수는 그 법이 악법인지조차 모르고 무심히 지나치고 만다. 그 예가 주먹 세계의 불문율 같은 규칙이다. 사실 사회질서 차원에서 보면 아무짝에도 쓸 데 없는 그들의 규칙이 되레 국가법을 앞서는 경우가 그들 세계에서는 얼마든지 있다. 그래도 그들은 국법을 어길지언정 그들 세계의 규칙은 어기지 않는다. 이 얼마나 맹종이고 맹신인가?

전자 제품 분야에서 유명한 어느 대기업에서는 회장의 인생관이 다분히 반영된 사규를 매일 아침 전 사원에게 낭독해준 뒤에 업무에 착수하도록 했다. 처음에는 사원들 간에 불평이 생겨나고 그따위 고리타분한 인생관쯤 누가 모를까 보냐고 투덜댔는데, 1년을 하루같이 계속되자 나중에는 전 사원이 모두 암송하게 되었고, 마침내는 그 규칙대로 전 사원이 일사불란하게 움직였다. 이런 예가 사회주의를 건설하겠다는 세뇌교육의 일환으로 활용되어온 바 있다. 그렇다고 해서 사훈이 나쁜 것이라든지 사규가 있으나 마나 하다는 이야기는 아니다. 군소리 말고 믿게 하고 의문을 가질 여지를 주지 않으려는 것이 기업의 체질이라는 것을 말해두려 할 뿐이다.

집단 속의 '참여'라는 것은
진정한 의미의 참여라기보다는
반대를 봉쇄하기 위한 명목상의 참여다.

조직 속의 개인은 진정한 개인일 수 없고
조직 구성원에 지나지 않는다.

조직에 속하더라도 개성을 잃어선 안 된다

최근에는 젊은이들뿐만 아니라 중년층에서도 화려한 무늬의 셔츠를 입는다든지, 머리 모양을 가꾸는 이가 많아지고 있다. 개성 회복이라는 의미에서 본다면 긍정적으로 평가할 만한 경향이라고 할 수 있다. 하지만 이러한 개성화 경향과는 반대로 제복을 강제적으로 입히려 하는 비개성적 경향에서 탈피하지 못한 조직이 있는 것도 엄연한 현실이다. 은행이나 관공서 등이 전형적인 예다. 은행의 창구를 보면 알 수 있지만, 모든 행원이 똑같은 유니폼을 입고 있을 뿐 아니라, 머리까지도 한 오라기의 흐트러짐 없이 단정하게 손질되어 있다. 심지어 미소 짓는 표정까지 같다고 하면 지나친 말이 될지 모르지만, 어쨌든 비개성적 면의 전형적인 스타일임을 부인할 수 없다. 당사자들이 원해서 자발적으로 똑같은 미소를 짓는 것은 결코 아니지만 상사의 지시 때문에 개인의 좋고 나쁨의 의사가 무시된 채 따르고 있는 것이라면 문제다. 이때 상사의 지시나 명령을 강력하게 밑받침해주는 것은 사규이거나 내부 규정일 것이다.

　　조직은 조직으로 존재하기 위해 규칙에 따라 질서를 지키려 한다. 질서는 조직의 생명이며 지주이기 때문에 조직 측에서 보면 조직을 지키기 위한 규칙 그 자체를 최우선으로 내세우지 않을 수 없다. 그래서 시대가 급속히 변화해가면 경우에 따라서는 부적합한 규칙도 있지 않을까 염려되는 마음이 앞선다. 조직이 사회와의 긴밀한 관계 속에서 발전해나가는 이상, 규칙을 피할 수 없는 것이 현실이다. 그렇지만 규칙이 경직화되면 주위 변동에 적응할 수 없게 되고, 불합리한 규칙을 형식적으로 개인에게 밀어붙이는 우를 범하게 된다.

경직화 현상이 심한 조직일수록 이런 경향이 심하다. 그러다 보니 규칙을 지키게 하려는 관리자들까지도 실은 그 규칙이 존재하는 근거조차 모르는 수가 있다. 따라서 젊은 신입사원 사이에서 반발이 일어나기 시작하면, 설득 논리를 가지고 있지 못한 그들은 "지키라고 만든 규칙이니 지키면 그만이다"라는 식의 궁색한 변명을 한다. 이렇게 되면 규칙이 가지고 있는 의미를 하위 직군에 전달하기 어렵게 되고 마침내는 관리직급에 대해 불신하게 된다.

규칙에 대한 경직된 태도는 조직이 본래 가지고 있는 방어적, 현상유지 추구의 성향에서 온다. 한 발자국을 양보했다가는 열 발자국, 백 발자국까지 양보하게 될지도 모른다는 생각에서 그들은 경직된 길로 치닫는다. 따라서 특정 규칙이 타당한 것인지, 타당치 못한 것인지를 의논해 봤자 결과는 뻔하다. 방법이 있다면 그 규칙의 배후에 있는 조직의 의도를 간파해두는 것이다. 왜냐하면 문제의 핵심을 모르고 있는 한 맹종에 지나지 않기 때문에 문제의 핵심을 확실히 알아두는 것이, 예측할 수 없이 돌아가는 회사의 조직에 대응하는 저력이 되기 때문이다. 로마에 가면 로마인의 법을 따르고 조직에 들어가면 조직의 규칙을 따르는 것이지만 피까지 바꿀 수는 없는 것 아니겠는가.

228

규칙을 위한 규칙들이 생명력을 앗아간다

나는 예전에 막차로 등교했다가 첫차로 하교하는 대학을 세워야겠다는 마음을 먹은 바 있었다. 지금의 대학은 개인의 리듬을 무시하고 일률적으로 학생들을 다룬다는 생각이 들어서였다. 야간형의 학생에게 아침 9시의 수업은 리듬에 맞지 않는다. 머리가 산뜻해지기 시작하는 늦은 오후에 자기가 받고 싶은 수업을 받지 못하게 된다면 학교 측은 그를 태만한 학생으로 낙인찍고 말 것인데, 사실 그렇게 해서는 안 된다. 학생을 관리하는 학교 중심의 체제에서 작성된 스케줄이 아니라, 학생의 생체리듬에 맞춰 세운 대학이 하나쯤 있어야 되지 않겠는가 싶어서 그런 생각을 했던 것이다. 그것도 야간형의 인간이 많이 모이는 거리에 그러한 대학을 세우려 했다. 이 계획은 사정이 여의치 않아서 실현 일보 직전에 좌절되고 말았는데 지금도 유감으로 생각한다.

아침의 러시아워 때 전철역에서 쏟아지듯 나온 직장인 무리가 지각할 세라 졸린 눈가를 비비면서 회사로 달려가는 풍경을 볼 수 있다. 이들은 출근기록부를 제 시간 안에 누르기 위해 필사적으로 뛰지만 그 많은 직장인 가운데 꼭 9시까지 출근하지 않으면 안 되는 일거리를 가진 이는 몇이나 될까? 주간형의 리듬을 가진 직원은 아침에, 야간형의 이름을 가진 직원은 밤에 자기 리듬에 맞추어 일하면 안 될까? 모름지기 이런 나의 구상에 대해 긍정적인 대답이 나오지 않을 것이라는 것은 알고 있다. "그래가지고서는 회사의 질서를 유지할 수가 없다. 조직관리도 어려워진다"라고 말할 것이다.

그러나 조직이 일하는 인간 때문에 생겨난 것이라면 인간 위주로 일하는 시간을 정하는 것은 당연하지 않은가? 현재 선진국의 IT 기업들을 중심으로 이러한 9-6 시무실 근무를 폐지하고 지율에 맡기는 흐름이 생겨나고 있다. 개개인의 인간이 가지고 있는 생활리듬을 무시한 채 일률적인 리듬으로 다루는 것이 여러 가지 면에서 마이너스 요인이 많다는 것을 알았기 때문이다. 내가 아는 과장은 부하 개개인이 하루 몇 시경에 능률이 최고조로 오르는지를 극명하게 기록해서, 부하의 리듬에 맞춰서 일을 시켰던 바 크게 생산성을 올리는 데 성공했다고 한다.

모든 인간이 모두 같은 시간에 출근기록부를 누르기 위해 달려가는 회사는 언뜻 보기에 사원 관리가 잘 되어 있는 듯이 보일지 모르지만 생산성이 높은 회사라고 보기는 어렵다. 아무리 생각해도 모든 사원의 생활리듬이 같을 수는 없다. 각 개인의 특성을 고려하지 않고 규칙만을 고집하는 한 개인만이 아니라 조직의 생명까지도 단축될 수밖에 없다. 왜냐하면 인간생활의 리듬이란 바로 생명의 활력소이기 때문이다.

근본 원인을 해결하지 못하는 상담 이라면 무의미하다

나는 심리학자로서 훨씬 오래 전부터 다음과 같은 인간심리의 본질 문제를 통감해왔다. 그것은 최초에 내가 근무하는 대학의 젊은 학생들로부터 제기된 문제였는데, 이를테면 시험이 싫어서 등교를 아예 거부한 초등학생을 심리 상담으로 다시 학교에 나오게 했을 때, 과연 이 케이스를 잠재해 있는 '환경 적응/부적응'이라고 볼 수 있겠는가라는 것이었다. 해답은 나중에 말하기로 하고 근래 기업 가운데서도 하는 일이나 직장에 적응하지 못해 불만을 토로한다든지, 노이로제에 걸리는 직원을 심리 상담하는 일이 성행하고 있다. 이 방식은 본래 미국에서 고도산업사회에 적응할 수 없는 인간을 어떻게 해야 하는가라는 문제의식에서 생겨났다.

나는 앞에서 치료라는 말을 썼는데 과연 이 방법이 진실한 의미의 치료라고 말해도 좋을지 의문을 안 가질 수 없었다. 예를 들어 간단한 질병의 경우를 보면 그 의문점이 명백하게 제시될 수 있다. 좀 더 구체적으로 다음과 같은 경우를 생각해보자. 참석자로 꽉 찬 실내에서 두통을 호소하는 이가 차례차례 생겨났다. 의사는 그들을 밖으로 나오게 해서 진정제를 주고, 상태가 가라앉으면 다시 돌아가게 한다. 아니면 이런 때에 조심성 있고 뭔가 깊은 생각을 하는 지혜 있는 의사라면 그 방의 상태를 면밀히 조사한 후, 필요하다면 창문을 열어 공기를 환기시킨다든지 해서 방 안에 두통을 일으킬 만한 원인을 없애려고 신경을 쓸 것이다. 그런데 이 예로 말하자면 현재 실시되고 있는 심리 상담은 환자에게 일단 진정제를 투여한 후에 다시 그 방 속으로 몰아넣는 것이나 다름없다. 즉, 환경에 적응되지 않는다고 분명히 의사표시를 한 인간이라면 환경을 관리하는 측은 인간에게 다소의 조작을 가해서 일시적으로 그 환경에 적응하게끔 만들어놓고 마는 것이 고작이다. 만약 앞에서의 두통의 예로서 방 안의 환경이나 두통을 일으킬 만한 요소들을 그냥 내버려둔다면 그 결과는 보나 마나 제2, 제3의 환자가 속출할 것이 뻔하다. 기업에서 실시하고 있는 심리 상담이 확실히 일시적인 부적응자를 임시로 처리하고 직장에 다시 복귀시킬 수는 있다. 직장에 따라 정도의 차이는 있을지언정 같은 원인 때문에 부적응 증상을 나타내는 이가 다시 없다고 말할 수는 없다.

원인을 없애지 않는 일시적인 처방이나 대응책이란 실효가 없을 뿐 아니라, 전체적으로 볼 때 시간과 정력의 낭비에 지나지 않는다. 어쨌든 노이로제와 같은 정신질환을 치료하는 일은 필요하지만, 환경에 적응하지 못하는 인간을 조직 속으로 몰아넣는 것은 재고할 필요가 있다. 환경의 결함을 개인에게 전가하고 근본적으로 해결하지 않으려는 것은 그 기업이 안고 있는 고질병으로 시급히 해결해야 할 일 중의 하나이다. 고도 산업사회뿐 아니라 오늘날 학교도 이 같은 문제에 대해 깊이 반성해야 할 때가 됐다고 본다.

인간은 어차피 혼자서는 살 수 없기에
조직이라는 것이 생겼다.

개인들이 지닌 능력을 어떻게 얼마만큼
발휘하게 하는가에 따라
조직은 살아남기도 하고 죽기도 한다.

이익의 사회 환원을 운운하는 기업의 본심

최근 어느 기업이랄 것 없이 이익의 일부를 사회에 환원해야 한다고 말한다. 수익을 굉장히 많이 낸 기업은 복지시설을 만들어 기부한다든지, 지역 주민을 기반으로 해서 체육관을 지어 공개한다든지 하는데, 이것을 이익의 사회 환원이라고 열심히 홍보하고 있다.

대체 기업이라고 하는 조직은 무엇 때문에 있는 것인가? 본래 기업은 이익을 올리기 위해 뜻을 같이하는 동지가 모여서, 아니면 단독의 자금과 힘으로 만들어낸 공동체로서, 사회를 위한다거나 지역사회를 위해서 출발한 것은 결코 아니다. 그러나 일단 조직이 형성되고 나면, 조직은 그 목적과 별도로 자신의 생명을 보전시키기 위해 때로는 생명을 위협하는 외부의 적과 싸우고, 내부의 암적 존재를 도려내고, 또 주위 환경과 타협하지 않을 수 없게 된다. 모든 생물이 그렇듯이 조직도 스스로의 목숨을 지켜가자면 항상 외부 환경에 적응할 필요가 생기고 또 압력을 받게 되어 있다. 기업은 기업 자신을 위해 존재하는 것이다. 이것은 개인이 사회를 위해 존재한다고 말하면서도 사실은 가정을 위해 전전긍긍하는 이치와 다를 바 없다. 개인도 명분이야 어떻든 자신이 있고 나서야 식구나 남이 있는 것이고, 자기를 위하지 않는 일에 선심만 쓰는 인간은 없다.

기업이 이익의 사회 환원 운운하는 것은 그 자신의 이미지를 높이기 위한 것이면서 기업의 생명을 지키기 위한 구실에 지나지 않는다. 그 증거로 이익을 사회 속으로 환원하기 위해 스스로 자기 생명을 끊어버린 기업은 하나도 없는 것으로도 충분히 입증된다. 그런가 하면 자신의 목적을 달성했다고 해서 이익을 사회에 완전히 환원하고 해산한 기업이 있었는가? 그리고 모든 것을 기업이라는 조직의 원리에 따라 행동하고 있을 뿐 그 이상도 이하도 없다. 특히 최근에는 대기업이 중소기업을 흡수해서 수없이 많은 방계회사를 만들고 있는데 이것을 비유해서 문어발식 재벌이라고 한다. 기업은 인간이 하는 것이며 그 조직도 인간에 의해서 움직인다. 따라서 기업의 생리나 인간의 생리는 똑같다. 다만 현대 기업 중에서도 경영자의 개성과 성격이 유별난 기업은 마치 욕심 사나운 인간처럼 기업 확장에만 신경을 쓰는 경향이 있다.

기업의 이익을 사회에 환원하는 일은 예찬의 대상이 되어야 하겠지만, 그 본심은 사회와의 타협에 있다는 것을 알아둘 필요가 있다. 한때 기업은 망해도 사주인 사장은 산다는 이야기가 있었다. 이것은 기업을 하는 사주의 신상에 관한 문제이긴 하지만 마땅히 비난받아야 할 일이다. 그러나 우리로서도 기업의 어려움을 이해하는 도량이 필요하다. 기업이 아무리 이익 집단이라 하더라도 기업이 없는 개인이라는 것도 문제가 될 수 있기 때문이다. 다만 사회 이익을 지나치게 표방하는 기업에는 집안에 말 못할 사정이 있다는 것을 알아둬야 한다.

회사에 목숨 걸지 않는 직원이 좋은 직원이다

예전에 어떤 은행에서 한 명의 발칙한 사원이 회사 간부를 호되게 골탕먹인 사건이 있었다. 그는 직장과는 별도로 사외의 연구 그룹에 참가하고 있었는데 그 팀의 중요한 프로젝트 멤버였다. 그러던 중 인사이동이 있어서 연구소의 일을 볼 수 없게 되었다. 화가 난 그는 지점장과 직접 단판을 벌여 연구소 활동을 할 수 있는 자유 시간을 다시 얻을 수 있었다. 보통의 기업에서는 상상도 할 수 없는 일이다. 대개 이런 경우엔 눈물을 머금고 사회 활동을 체념하고 만다. 특히 경직화된 대기업일수록 구성원이 다른 조직에 가입하거나 밖에서 활동하는 것을 환영하지 않는다. 회사 이외의 부업에 손을 댄다든지 수당을 받고 외부에서 일하는 것을 사칙으로 금하는 회사도 많다.

조직은 본시부터 그 조직이 구성원 개인에게 있어 절대적이고 유일무이한 존재가 되도록 강요하는 경향이 있다. 그러나 심리학자 에이브러햄 매슬로는 이미 수십 년 전에 이 경향의 위험성을 지적한 바 있다. 그의 이론에 따르면 인간은 생리적인 필요가 충족되면 점점 더 욕구의 계단이 올라가 마침내는 자기실현화라는 최종 계단에 오르게 된다. 기업을 통해서 경제적인 보장을 얻고 살기 위한 최저조건이 확보되면 인간은 직장을 자기 생활의 일부에 지나지 않는다고 생각한 나머지 다른 만족을 얻고자 한다는 것이다. 반대로 이같이 보다 높은 욕구를 추구하지 않는 직원이라면 그만큼 무기력하다는 증거이며 기업에 있어서도 마이너스 요인으로 작용한다는 뜻이다.

미국에서는 노동자들이 적극적으로 기업 외의 조직에 가입해서 기업 내에서 나타났던 일 이외에 다른 가능성을 추구하거나 발휘한 케이스가 증가하고 있다. 예를 든다면 텍사스 주 한 제화공장의 노동자들이 교외 주택지에서 교육위원회의 위원 선거에 입후보해서 당선된다든지, 공공기관에 참가하여 지금에 와서는 전 노동자의 10% 이상이 공직에 취업하고 있다는 것이다.

인간의 관심을 자꾸 조직 밖으로 향하게 하는 생각은 일견 조직 그 자체를 부정하는 것같이 보일지도 모르지만, 현실적으로는 인간의 가능성을 엄청나게 발휘하는 셈이다. 따라서 조직이 노화되지 않고 항상 탄력성을 유지해가려면 개인의 소질과 욕구를 충족시켜주는 편이 모두에게 이롭다. 인간은 어차피 혼자서는 살 수 없기에 조직이라는 것이 생겼다. 그 개인들이 지닌 능력을 어떻게 얼마만큼 발휘하게 하는가에 따라 조직은 살아남기도 하고 죽기도 한다. 편협한 조직이나 이기주의를 버리고 조직 밖에서 인간다운 생기를 불어넣어주는 조직이야말로 참된 조직이다.

직장과 직장인의 영원한 대결

조직의 목적 달성이 조직에 소속되어 있는 개인의 목적 달성이라고
보아온 구시대와 결별한 이래, 조직이든 그곳에 속한 직장인 개인이든
항상 조직과 개인, 전체와 개별이라고 하는 길항관계가 최대 문제로
대두되어 왔다. 조직이 몰개성적 성질을 본질적으로 가지고 있음은
앞에서 몇 번씩이나 말했지만 다른 한편, 조직에는 목적을 수행하기 위해
개인의 개성을 강력하게 요구하는 면도 있다. 조직은 개인의 몰개성적과
개성 분출을 요구하는 모순된 두 가지 특질을 가지고 있다. 다시 말해
서로 반대 작용으로 한쪽이 신장되면 한쪽이 수축된다. 이 두 가지 경향
중에서 몰개성적 경향은 안정되고 오래된 회사에 많은 편이고, 개성
요구적 경향은 성장 도상에 있는 새로운 회사에 많다.

　　　　인간에게 생동감을 주는 조직을 만들기 위해 열중해온 사장들은
"조직에 몰개성적 경향이 강해지는 것은 조직의 노화현상이다"라고
믿는다. 이런 생각을 가진 사장은 이 주장을 굽히지 않을 뿐 아니라,
어떤 조직에 가서도 똑같은 주장을 하면서 몰개성적 성격을 띠고 있는
조직들을 파괴하는 데 주저하지 않는다. 일본의 이부카 마사루와 함께
소니를 지금과 같은 대기업으로 키워낸 회장 모리다 아키오도 독특한
'조직 돌담론'을 내세운 바 있다. 이것은 조직을 돌담에 비유하고 개인을
돌담의 돌로 비유해서, 돌담은 크기와 모양이 제각각 다른 무수한
돌들을 쌓아올림으로써 돌 하나하나의 특질을 살리면서 전체를 이루는

것, 이것이 곧 회사의 인적 구조라는 이론이다. 그러나 이 돌담도 일단 완성시키고 난 뒤에 어느 한 구석에 결함이 생기면 잘못된 돌만 캐내고 그 구멍에 맞는 다른 돌을 골라서 넣고 다듬지 않으면 안 된다. 바로 여기에서도 개성화와 몰개성화의 모순이 고개를 쳐든다. 때문에 직원의 개성을 존중하는 창의성 중심 문화 운운을 떠드는 회사에는 반드시 몰개성적 면모가 숨어 있다.

직원에게 창의성, 개성, 주체성을 노래 부르듯 압박하면서 실제로 개성이 무엇인지 창의성이 어떻게 발휘되는지 모르는 회사는 웃긴 게 아니라 무서운 곳이다. 바꾸어 말하면 그 조직은 자기도 모르는 사이 구성원의 역량을 탄압하는 데 힘을 쓴다는 뜻이다. 직장과 직장인 간의 이 같은 대결은 인간 집단 특유의 모순된 두 가지 특질을 둘러싼 채 영원히 계속될 것이다. 그러나 인간에게 매우 중대한 이 문제에 대해 지금까지 의욕적으로 달려들어온 것은 아무래도 회사 측이 아니겠는가. 그렇다면 개인의 주체성 인정을 요구하면서도 다른 한편으로는 다분히 수동적으로 문제해결의 열쇠를 회사에 맡긴 채로, 의도대로 이끌려온 직장인의 책임은 당연한 귀결이겠지만 그만큼 클 것이다.

지금까지 우리는 회사의 심층 심리에 관한 내용을 알아보았다. 그 결론은 주로 개인이 거대한 회사라는 조직에 들어가 상황을 어떻게 이해하고 대응해야 하는가에 모아져 있었다. 여기까지 성실하게 읽어주신 당신에게 인간의 심리를 이해하는 데 얼마나 도움이 되었는지 모르지만 다소간 이해의 폭을 넓히는 데는 이 책이 기여했으리라고 믿으면서 부디 곱씹어 생각해줄 것을 당부 드린다.

옮긴이 **이창식**

1930년 수원 출생. 서울대학교 신문대학원 수료. 인천신문 편집국장, 한국문인협회 경기도지부장, 국사편찬위원회 조사위원, 경인매일신문 주필, 경기신문 주필을 역임했다. 저서로 《경기도사》(공저), 《경기예총사》(공저), 《삼일동지회 35년사》가 있으며 번역서로 《술병은 클수록 좋다》, 《완전한 결혼》, 《성공하는 사람은 생각이 다르다》, 《악마의 과적》 등이 있다.

내일 봅시다

인쇄일 2018년 11월 30일
발행일 2018년 12월 10일

지은이 다고 아키라
옮긴이 이창식
펴낸이 김순일
펴낸곳 이너피스
등록번호 제2015-000185호
등록일자 2008년 01월 10일
주소 경기도 고양시 덕양구 고양대로 1916번길 50 스타캐슬 3동 302호
전화 02-715-4507 / 713-6647   **팩스** 02-713-4805
홈페이지 www.miraepub.co.kr   **블로그** blog.naver.com/miraepub

한국어판 출판권 ⓒ 미래문화사
ISBN 979-11-964255-3-1 03190

• 이너피스는 미래문화사의 단행본 브랜드입니다. 여러분의 원고를 기다립니다.
  기획안과 원고를 mirae715@hanmail.net으로 보내주세요.
• 잘못 만들어진 책은 구입하신 곳에서 바꾸어 드립니다. 책값은 뒤표지에 있습니다.

이 책은 《会社病理学》(ごま書房, 1973)을 토대로 재집필한 《サラリーマン読心術》(ごま書房, 1981)을 한국어로 번역한 것이다.